여성주의 윤리학 입문

여성주의 윤리학 입문

사스키아 벤델 지음 | 송안정 옮김

이화여자대학교출판부

차 례

옮긴이의 말

이 책은 틸부르크(Tilburg)대학 가톨릭신학부에서 체계 철학 분야를 강의하고 있는 사스키아 벤델(Saskia Wendel, 1964~) 교수의 『여성주의 윤리학 입문 *Feministische Ethik zur Einführung*』(2003)을 우리말로 옮긴 것이다.

제목이 이미 나타내고 있듯이 이 책은 최근 새로운 윤리학으로 대두된 여성주의 윤리학에 대한 전반적 고찰을 목적으로 하는 입문서로서, 크게 세 부분으로 구성되어 있다.

1, 2장은 본격적인 논의를 위한 준비 단계이다. 여성주의 윤리학의 특성과 함께 여성주의 윤리학이 무엇인지에 대한 개념 규정을 시도한다. 이와 관련하여 여성주의 윤리학의 기원인 전통 윤리학에 대한 분석과 비판, 여성주의 윤리학의 출발점인 윤리학의 규범성에 관한 논의, 여성주의 윤리학의 동기로서의 지배 비판적 관심, 그리고 성공적으로 잘사는 방식으로서의 여성주의 윤리학의 이해에 대해 해명한다.

본격적인 논의는 3장에서 이루어진다. 저자는 여성주의 윤리학의 영역에서 제기되었던 논쟁들을 네 가지로 정리하여 소개한다.

하나는 모든 사람들을 위한 하나의 윤리학이란 관점에서 여성주의 윤리학은 보편적인 윤리학으로 정초될 수 있는가 아니면 맥락적으로 정초될 수 있는가이다. 또 하나의 논쟁은 소위 보편적인 것으로 이해되는 도덕 정초의 유형과 방식에 관한 것이다. 즉 여성주의적 윤리 모델이 윤리적 보편주의를 견지할 경우 필연적으로 정초 방법론의 문제가 제기되는바, 여기서 여성주의 윤리학이 의무론적으로 정초될 수 있는가 아니면 목적론적으로 정초될 수 있는가, 다시 말해 여성주의 윤리학의 관심사가 옳음[정의]인가 아니면 좋음[선]인가에 대한 토론이다.

또 다른 쟁점은 여성주의적 윤리 토론에서 소위 '여성 도덕'의 존재와 관련된 문제로 평등의 윤리학 대 성차의 윤리학을 둘러싼 논쟁이다. 이 논쟁은 자율성 내지 자유 · 평등 · 주체성 같은 철학 개념의 의미에 대한 상이한 평가에 기초한다. 이러한 해석의 차이로 또 하나의 토론 영역에 발을 들여놓게 되는데, 곧 여성주의 윤리학은 자율적 주체성의 이념을 필요로 하는가라는 자율적 주체성의 의미와 관련된 토론이다. 마지막으로 4장에서는 여성주의 윤리학 토론의 미래에 대한 비판적 전망과 함께 이 입문서를 마무리한다.

이 책의 구성에서는 특히 3장이 중요하다. 이 부분이 이 책의 백미라 할 수 있는데 여성주의 윤리학 분야의 쟁점과 주요 이론이 일목요연하게 정리되어 있다. 그리고 이와 관련하여 마사 누스바움(Martha Nussbaum), 세일라 벤하비브(Seyla Benhabib), 캐롤 길리건(Carol Glligan), 뤼스 이리가라이(Luce Irigaray), 주디스 버틀러(Judith Butler), 로래인 코드(Lorraine Code), 헤르타 나글-도체칼(Herta Nagl-Docekal), 헤를린데 파우어-스투더(Herlinde Pauer-Studer), 게르트루트 눈너-빈클러(Gertrud Nunner-Winkler), 안드레아 마이호퍼(Andrea Maihofer) 등 주요한 여성주의 윤리학자들의 입장들도 확인할 수 있다.

원저를 우리말로 옮김에 있어 충실히 직역하는 것을 원칙으로 삼았으며, 표현이 어색한 경우에만 문맥에 따라 의역하였다. 잘못된 부분이나 어색한 부분에 대해서는 독자 여러분의 선처를 바랄 뿐이다.

이 자리를 빌려 이 책이 세상에 빛을 볼 수 있도록 도와주신 분들께 감사의 말씀을 전하고 싶다. 우선 여성학 분야에 대해 사명감을 가지고 책들과 연구물들을 출판하고 있기에 이 책의 출판을 결심해 준 이화여자대학교출판부에 감사하다는 말씀을 드린다. 그리고 번역하는 동안 내내 관심과 격려를 보내준 가족에게도 사랑과 고마운 마음을 표한다. 마지막으로 도서 기획으로부터 번역 작업 그리고 출판사를 만나기까지 보이지 않는 손길로 인도해 주신 하나님께 감사드린다.

2008년 12월

역자 송안정

1_서문

여성주의 윤리학은 지금까지 여성주의 철학 내에서 가장 탁월하고 가장 자주 논의된 주제 영역에 속한다. 여성주의 이론 내에서 바로 윤리학 분야와 관련된 수많은 논쟁들이 있었는데, 가령 성의 평등 혹은 차이, 소위 '여성 도덕(weibliche Moral)'의 존재, 윤리 판단 정초의 보편성 혹은 맥락성, 주체 철학 및 주체 비판 등의 주제와 관련하여 여성주의적 관점에서 논쟁이 계속되어 왔다. 실로 여성주의 윤리학 토론과 연관된 수많은 논문에 상응해서 논제들 또한 풍부하다. 그것들은 많은 부분으로 나뉘어지며 또한 그 때문에 간결하면서도 정확한 형식으로 짜임새 있게 소개하는 것이 쉽지 않다. 그래서 여성주의 윤리학에 대한 이 입문서는 이중적 접근을 시도하고자 한다.

즉 한편으로 여성주의 철학의 핵심 분과들 중 하나를 제시할 것이고, 다른 한편으로 여성주의 윤리학 토론의 다양한 면모를 체계화해 볼 것이다. 여기서 관심사는 여성주의 윤리학의 모든 구상과 여성주의 윤리학자들을 가능한 한 전부 소개하는 것이 아니라, 오히려 '여성 도덕'의 가능성에 관한 혹은 '성의 평등 대 차이(Gleichheit versus Differenz der Geschlechter)'에 관한 주요 논쟁을 넘어서서 탁월한 의의를 갖는 입장들과 구상들을 예로 삼아, 여성주의 윤리학의 핵심 토론 영역에서 가장 중요한 테제들을 예시적으로 밝히는 것을 목표로 한다.[1]

이러한 일괄적 조망의 토대는 연대기적 분류가 아니라 체계적 분류로서, 이 체계적 분류는 이미 언급한 여성주의 윤리학의 기초에 놓여 있는 충돌 영역들에 정향되어 있다. 이런 이유로 해서 상이한 입장의 여성주의 철학자들의 상세한 이력 소개 및 연대표 역시 단념하였는데, 어차피 여기서 관심사는 개인들이 아니라 테제들 및 관점들이기 때문이다. 마찬가지로 여성주의 윤리학이 적용된 주제 영역들에 대한 해명, 가령 생명 윤리학 및 의료 윤리학, 사회 윤리학, 생태 윤리학, 경제 윤리학의 주제들에 대한 해명도 포기하였는데, 그 이유는 이 입문서의 중점이 보편적인 여성주의 윤리학의 구상들, 다시 말해 보편적인 도덕 정초의 영역에서 제기되는 주제들에 놓여 있기 때문이다.

이 서문에 이어서 제2장에서 '여성주의 윤리학(feministische Ethik)'이라는 명칭이 해명된다. 여성주의 윤리학이란 무엇인가? 그것의 동기는 무엇이고, 목표는 무엇인가? 여기서 무엇보다 중요한 것은 여성주의 윤리학의 이중적 목표 정향—한편으로 전통 윤리학의 입각점들에 대한 여성주의 관점에서의 분석과 비판, 다른 한편으로 성공적으로 잘사는, 특히 여성의, 삶의 가능성에 대한 물음에 초점을 맞춘 여성주의 윤리학의 특별히 지배 비판적 관심—을 해명하는 일이다.

제3장의 중심에 놓이는 것은 여성주의 윤리학 토론의 핵심적 논쟁들이다. 여성주의 윤리학은 보편주의적 윤리학인가 아니면 맥락적 윤리학인가? 어떤 윤리적 전통이 여성주의 윤리학에 수용될 수 있는가? 의무론적 윤리학인가 아니면 목적론적 윤리학인가? 이러한 맥락에서 보살핌의 여성주의 윤리학, 곧 여성주의적 배려 윤리의 가능성에 대한 토론 또한 이루어지고, 마찬가지로 자유주의적인 여성 윤리학자들과 공동체주의 지향의 여성주의 윤리학자들 간에 논쟁도 벌어진다. 한 걸음 더 나아가 '여성 도덕'의 가능성에 대한 토론이 주제화되며, 그 위에서 여성주의 윤리학이 '주체성(Subjektivität)'과 '자율(Autonomie)' 개념의 도움을 필요로 하는지

의 물음이 제기된다. 여기서 특히 여성주의적 관점에서 종종 비판되어 왔던 개념인 '자유(Freiheit)', '평등(Gleichheit)', '주체성(Subjektivität)' 개념의 복권에 초점을 맞춘 보다 최근의 여성주의적 윤리 구상들이 제시될 것이다. 마지막으로 여성주의 윤리학 토론의 미래에 대한 비판적 전망과 함께 이 입문서는 마무리된다.

2_여성주의 윤리학이란 무엇인가?

“여성들은 당위나 필연이나 의무에 대해 무관심하다. 여성들의 방은 모든 종류의 명령이나 무뚝뚝한 강요를 견디지 못한다. 여성들은 어떤 일이 자기 마음에 든다는 이유만으로 그 일을 행한다. 따라서 여성들이 오직 선한 것만을 좋아할 수 있도록 만드는 요령이 필요하다.”[2] 임마누엘 칸트(Immanuel Kant)는 이렇게 주장하는데, 그의 견해에 따르면 여성은 윤리학에서 아무런 자리도 가질 수 없고 허용될 수 없기 때문이다. 즉 여성에게는 의무감, 곧 칸트에 있어서 도덕감정과 동등한 의무감이 없으며 이와 함께 윤리 판단의 가능조건이 없다. 칸트에 따르면 여성은 의무에서 벗어나 있는, 법칙에서 벗어나 있는 존재로서 윤리 판단을 내릴 능력이 없다. 그렇기 때문에 윤리학은 칸트에 의하면 필연적으로 남성의 본분이며 남성의 본분으로 머문다. 그러나 칸트만이 홀로 이러한 입장에 서 있었던 것이 아니었다. 윤리적 전통의 주류는 이러한 입장을 공유한다. 대부분의 도덕철학 저술들에서 여성은―설령 등장한다 하더라도―윤리적 반성의 주체로서가 아니라 기껏해야 객체로서 존재하였다.

윤리학에서의 이러한 여성 배제는 여성주의 지향의 윤리학을 기획하는 동기가 되었다. 여성 철학자들은 윤리학 내에서 자신들에게 허용되지 않은 자리를 공략하였고 도덕철학에서의 전통적 여성 배제를 극복하기 위한 하나의 윤리학을 발전시켰다. 그렇지만 여성주의 윤리학의 이러한 기획이 얼마나 정확히 규정될 수 있는가는 불명료한 채로 있었다. 여성주의 윤리학은 시종일관 전통 비판만 늘어놓는가? 아니면 전통 윤리학에 대한 단순한 비판을 넘어서 하나의 고유한 관점을 정식화하는가? 짧게 말해서 여성주의 윤리학이란 무엇인가? 그리고 무엇보다도 여성주의 윤리학은 무엇이 아닌가? 그것의 동기는 무엇이고, 목표는 무엇인가? 이러한 여성주의 윤리학의 정의가 선행되지 않으면, 그것은 오해될 위험이 있다. 그럴 경우 여성주의 윤리학은 여성들에게만 관련된 윤리 문제와 딜레마에 관한 반성 및 토론과 동일시될 수 있을 것이고, 이와 함께 '여성의(weiblich)' 특수 도덕과 동일시되거나, 아니면 그저 응용 윤리학의 한 분과에 지나지 않는 것으로 이해될 수 있을 것이다. 하지만 여성주의 윤리학에 대한 이와 같은 이해는, 헤를린데 파우어-스투더(Herlinde Pauer-Studer)가 밝히는 바와 같이, 여성주의적 윤리 관점들의 일반적 윤리적 동기에도, 또한 여성주의적으로 목표 정향된 윤리학의 다채로운 구상들에도 맞지 않는다.

"여성주의 윤리학 관련 도서들이 끊임없이 증가하고 있기는 하지만, '여성주의 윤리학(feministische Ethik)'을 정확히 어떻게 이해해야 할 것인가 하는 정의의 시도는 상대적으로 적었다. 좀더 자세히 볼 경우 기획의 주제, 방법론, 목표에 관한 지극히 다양한 이해와 완전히 이질적인 상이 제시되는 것을 확인할 수 있는바, 이러한 개념 규정은 더욱 긴급한 것으로 여겨진다. 많은 여성 저자들이 배려와 공감에 의해 규정되는 어머니-자녀 관계를 도덕성의 패러다임으로 간주하는 특별히 '여성 도덕(feminine Moral)'의 이념을 '여성주의 윤리학'과 결합시킨다. 다른 여성 저자들은 '여성주의 윤리학'을 가령 사적 영역과 공적 영역에서의 기회 균등, 성희롱, 포르노그래피, 성폭력, 에이지즘[연령 차별 철폐 운동], 새로운 생식 기술 등과 같이 특히 여성의 관심과 관련된 일정한 문제 제기에 대한 집중으로 이해한다. 그리고 몇몇 여성주의 철학자들은 다시금 여성들간의 상호작용의 도덕적 차원, 그들의 권력 관계 및 지배 관계의 방식을 여성주의 윤리학의 최우선 과제로 파악한다."[3]

이러한 이유로 해서 '여성주의 윤리학'의 개념을 규정하는 것과 함께 여성주의 윤리학의 네 가지 결정적인 특성을 논하는 것이 필수적이다. 즉, 1. 기획의 기원에 관해서, 곧 전통 윤리학에 대한 분석과 비판, 2. 여성주의 윤리학의 출발점인 여성주의 윤리학의 규범성에 관해서, 3. 여성주의 윤리학의 동기에 관해서, 곧 지배 비판적 관심, 그리고 마지막으로 4. 여성의 관점에서, 그러나 단순히 여성만을 위한 것이 아닌, 성공적으로 잘사는 삶의 방식의 반성으로서의 여성주의 윤리학의 이해에 관해서 논의해야 할 것이다.

기원: 전통 윤리학에 대한 분석과 비판

여성주의 윤리학 기획의 뿌리는 전통 윤리학의 암묵적인 혹은 노골적인 여성 적대적 경향에 대한 분석과 비판이다. 윤리학에서 여성이 윤리적 반성의 주체에서 배제된 것과 철학적 전통의 윤리 구상들 속에 나타난 여성 혐오에 자극받아서 여성주의 윤리학자들은 고전 윤리학들에 대한 비판적 읽기에 전념하였다. 이에 따라 앨리슨 재거(Alison M. Jaggar)

에 의하면 여성주의 윤리학은 "서구 윤리학이 여성을 배제해 온 혹은 여성 억압을 합리화시켜 온 모든 방식을 – 이러한 억압 형식이 공공연한 것이든 혹은 더 흔히 일어나고 더 해로운 결과를 가져오는 은폐된 형식의 것이든 간에 – 밝히고 배후를 묻기 위해 노력한다. 여성주의 윤리학의 목표는, 실천적 행위 지도와 아울러 도덕성의 본성을 이해하기 위한 이론적 가능성을 발전시키는 것으로, 이러한 이해는 개개 여성 혹은 여성 집단의 이익 관심을 명시적으로도 은폐된 형식으로도 그 어떤 다른 개인 혹은 다른 집단의 이익 관심에 종속시키지 않는다." [4]

윤리적 전통에 대한 이 비판적 읽기는 다음과 같은 질문에 의해 선도된다. "정치적 문제일 뿐 아니라 도덕적 문제이기도 한 차별의 진실을 간파할 수 있기 위해서 어떤 도덕철학적 규정들이 요구되는가, 내지는 도덕철학이 여성들이 당하는 각종 불이익에 비판적으로 대결하기 위한 행위를 정초하기 위해서 어떻게 (재)구성되어야 하는가? 도덕철학의 '대가들(Klassiker)'의 새로운 읽기는 이러한 질문의 필연적 귀결에 속한다. 여기서 연구되어야 할 것은, 이러한 텍스트들이 언급한 문제를 간과하고 있는지 혹은 함께 야기시켰는지, 혹은 문제를 제거시키는 범주들을 제공하고 있는지 여부이다." [5]

여성주의 철학 일반의 출현과 마찬가지로, 전통적 도덕철학에 대한 분석과 비판으로서의 여성주의 윤리학 대두의 기폭점은 시몬느 드 보부아르(Simone de Beauvoir)의 저서 『제2의 성 *Das andere Geschlecht*』이었다. 이 책에서 보부아르는 여성 차별을 분석하면서, 여성을 주체인 남성에 대조되는 타자로 구성하는 것이 여성 차별이라고 진단한다. "인간성은 남성성이고, 남성은 여성을 그 자체로서 정의하는 것이 아니라 자신과의 관계 속에서 정의한다. 여성은 자율적 존재로서 간주되지 않는다. [……] 여성은 남성과 관련해서 규정되고 구별되지만, 남성은 여성과 관련해서 규정되고 구별되는 존재가 아니다. 여성은 본질적 존재의 측면에서 비본질적 존재이다. 남성은 주체이고, 남성은 절대적 존재이다. 반면 여성은 타자이다."[6]

타자로서의 여성의 이러한 구성은 우리의 사고가 대립의 구성을 통해 각인되기 때문에 타자 범주는 인간 사고의 근본 특징이라는 데 기초한다. 보부아르는 한편으로 어째서 여성이 남성적 주체의 '타자'로서 구성되어 왔는지에 대해 물음을 제기하며, 이를 남성들에 의해 집필된 철학 텍스트들뿐 아니라 상세한 분석을 통해서 추적한다. 이러한 맥락에서 그녀의 유명한 정식화가 나온다. "우리는 여성으로서 세상에 태어나는 것이 아니다. 우리는 여성으로 만들어진다. 여성이라는 인간 존재의 사회적 수용 형태를 규정하는 것은 결코 생물학적 · 심리학적 · 경제학적 운명이 아니다. 총체적 문명이 남성 그리고 여성을 의미하는 거세된 인간 간의 이러한 중간 산물을 만들어낸다."[7] 다른 한편 보부아르는 어떻게 여성이 '타자' 지위에서, 남성 주체에 비해 열등한 지위에서 벗어날 수 있는지의 가능성을 찾는다. 그녀는 자신의 기획을 실존주의 윤리학의 관점에서 추구하고, 이 관점을 그녀의 전통 비판과 아울러 자신의 고유한 해결 방안의 결정적 요소로 특징짓는다. 이 관점을 보부아르는 다음과 같이 기술한다.

> "모든 개개 주체는 하나의 초월로서 구체적으로 철저히 기투를 통해서 스스로를 정립한다. 주체는 오직 다른 사람의 자유를 끊임없이 넘어섬을 통해서만 자신의 자유를 충족시킨다. 끝없이 개방된 미래로의 자아 확장 이외의 다른 현재 실존의 정당화란 존재하지 않는다. 초월이 내재로 빠지게 될 때마다 즉자 존재로의 실존의 추락, 사태로의 자유의 추락이 생긴다. 이러한 추락은 그것이 주체에 의해서 긍정될 경우, 하나의 도덕적 소멸이다. 주체에 이러한 추락이 일어나면, 그것은 억압의 형태, 강제의 형태를 띤다. 양 경우에 있어 그것은 하나의 절대적 악이다. 자기 자신에 대해 염려하는 모든 개개인은 자신의 실존을 정당화하며, 이를 자기 초월에의 끝없는 욕구로서 느낀다. 그러나 이제 고유한 방식으로 여성의 실존을 제한

하는 것은 — 아무리 모든 인간 존재가 남성들이 여성들에게 의무를 지우는 세계 속에서 자기 자신을 발견하고 자기 스스로 선택한다 해도 — 여성이 자기 자신을 타자로 본다는 것이다. 사람들은 여성을 하나의 사물로 고정시키고자, 내재로 판결 내리고자 애쓰는데, 왜냐하면 다른 본질적 · 주권적 의식이 끊임없이 여성의 초월을 능가하기 때문이라는 것이다."[8]

이러한 기본 전제로부터 몇 가지 중요한 결론이 도출된다. 한편으로 보부아르는 자신의 숙고를 명시적으로 윤리적 맥락 안에 놓는다. 그녀의 관심사는 철학적 전통의 기술적 분석에만 있는 것이 아니라, '제2의 성(la deuxième sexe)'과의 규범적 대결이다. 그녀의 반성은 여성들에 대한 정언명령, 고유한 실천적 변화에 대한 요구, 타자의 지위를 적극적으로 극복하라는 호소, 주체 및 초월의 지위를 차지할 용기를 가지라는 외침으로 나아간다.

다른 한편 실존주의 입장에 가까운 것은 보부아르의 고유한 윤리적 관점의 기초를 돋보이게 한다. 이 관점은 인간이란 본질적으로 자유롭다는 것, 자기 책임을 통해 결정할 수 있는 힘과 능력을 지닌 하나의 자율적 주체라는 것, 그리고 실로 자기 자신을 형성하고 규정하고 구성하는 하나의 고유한 실존이라는 것을 확신함으로써 지지된다. 자유를 통해서 인간은 자신의 행위 · 사고 · 감정의 주체이다. 그러므로 자유를 실현하는 자는 주체이며, 주체인 자는 자유의 능력이 있다. 이러한 자유는 동시에 다른 사람들의 자유가 펼쳐지게 할 수 있고, 보부아르가 헤겔을 인용하여 설명하듯, 다른 주체에 대한 상호 승인의 작용에 관계맺을 수 있게 한다. 이 속에 보부아르가 주체에 배속시킨 자기 초월의 능력이 두드러진다.[9] 자유 실현과 자기 초월은 인간에게 맡겨진 임무이다. 그렇지 않을 경우 인간은 단순히 내재에 구금된 채로 있는 것이다.

보부아르에 있어 이러한 자유 실현은 하나의 참된 도덕적 행위이다. '주체의 타자(das Andere des Subjekts)'로서의 여성은 초월 능력을 펼치는 것이 금지된 채로 있었다. 여성은 자신에게 자율적 주체, 자유로운 인간 존재의 지위가 박탈되었다는 점에서 내재로 판결받았다. 후자의 지위가 남성에게는 인정되었지만, 여성은 '타자'로서 그러한 지위에서 배제되었다. "타자는 능동성에 대한 수동성을 의미하며, 통일성을 깨는 다수성, 형식에 반대되는 질료, 질서를 거스르는 무질서를 의미한다. 이렇게 여성은 악을 향해 있다."[10]

그러므로 여성은 주체 지위를 정복하고 이와 함께 자유와 초월을 의미하는 인간다움을 실현시키기 위해 도전해야 한다. 이것이 여성의 진정한 도덕적 행위이다. 이에 상응해서 보부아르는 좋은 삶의 윤리학 내지 행복의 윤리학도, 의무의 윤리학도 정식화하지 않으며, 오히려 여성들을 위한 주체성의 윤리학, 자유의 윤리학, 초월의 윤리학을 정식화한다.

보부아르에 따르면 이를 위해서 여성들의 능동적인 태도와 자율성 및 주체성의 실현뿐 아니라, 사회구조의 근본적 변화도 필요하다. "가족과 개인 능력이 사회의 명백한 토대인 곳에서 여성은 전혀 권리가 없는 채로 있다."[11] 그러므로 여성의 개인적 변화만 중요한 것이 아니라, 가부장제 사회의 구조적 변화 또한 중요하다. 여성이 내재의 감옥에서 벗어날 수 있으려면 양자는 서로 영향을 미쳐야 한다. 보부아르에게 있어서 이러한 새로운 구조는 평등과 정의의 이념을 가치 척도로 하는 사회주의적 질서에 있다. "우리가 [……] 성 평등이 구체적으로 실현될 수 있는 하나의 사회를 채택할 경우, 이러한 평등은 각 개인에게 긍정적으로 수용될 수 있을 것이다."[12] 그러므로 보부아르의 자유의 윤리학은 동시에 평등의 윤리학이다.[13]

보부아르의 숙고의 결과로 다른 여성주의자들도 윤리적 관점에서 철학적 전통과 대결하기 시작하였다. 여기서 여성주의 윤리학자들은 일차적으로 의무론적 윤리학들, 즉 의무의 윤리학 내지 당위의 윤리학, 그리고 가령 칸트의 윤리학, 존 롤즈(John Rawls)의 정의론 혹은 위르겐 하버마스(Jürgen

Habermas)의 담론 윤리학 같은 정의의 윤리학들에 관심을 기울였다. 일반적으로 여기서 두 노선이 구분될 수 있다. 한 노선은 의무론적 윤리학들에 대한 원칙적 비판을 정식화한다. 이 노선에 따르면 여성주의적 윤리학과 의무론적 윤리학은 조화될 수 없다. 이에 반해 다른 노선은 도덕에서의 여성 배제와 '성(Geschlecht)' 범주 배제를 비판하기는 하지만 원칙적으로 의무론적 윤리학의 가능성을 견지하며 이를 여성주의적으로 재구성하고자 탐색한다. 우선 의무론적 윤리학의 원칙에 대한 여성주의적 비판과 관련하여 여기서는 이러한 비판의 특성들만 개략적으로 살펴볼 것이다. 개별적 관점들은 제3장에서 다시 한 번 상세히 다루게 된다.

예컨대 아네트 바이어(Anette C. Baier), 아이리스 마리온 영(Iris Marion Young) 혹은 넬 나딩스(Nel Noddings)에 의해 공식화되었던 칸트 윤리학에 대한 여성주의적 비판은 대개 가령 게오르그 빌헬름 프리드리히 헤겔(Georg Wilhelm Friedrich Hegel) 혹은 막스 셸러(Max Scheler) 같이 이미 칸트에 대립한 다른 철학자들이 분명히 표현했던 형식주의 비판 및 엄숙주의 비판을 강조한다. 순전히 형식적 · 무조건적 당위 내지 도덕법칙을 도덕 행위의 근거로 삼은 칸트의 태도는 첫째로 구체적인 도덕적 딜레마를 고려하기에는 너무 추상적이며, 또한 순전히 형식적인 당위는 임의적인 것으로 될 것이다.

두 번째로 도덕 정초의 영역에서 경향, 감정, 경험적 지식의 무조건적 배제는 도덕 판단의 측면에서 맥락 감수성이 부족하고 자칫 오류 평가의 결론을 내리게 되며 궁극적으로 완고한 원칙 도덕 내지 연역 도덕으로 귀결될 것이다.[14] 이것은 다시금 개개인간의 윤리적인, 때로 심지어 비극적인 갈등 상황에 대한 섬세한 지각 없이 하나의 도덕적 엄숙주의로 나아갈 것이다. 아울러 칸트 윤리학의 법칙 및 규칙 성격이 비판된다. 도덕 행위는 의무에 따르는 것, 복종하는 것 그리고 무조건적으로 제시되는 법칙에 순종하는 것과 동일시될 것이다. 하지만 법칙 · 정언명령 · 규칙에로의 이러한 고착은 도덕 행위가 전적으로 규칙에 의해서만 지도되는 것은 아니라는 점을 고려하지 못할 것이다.

그리고 마지막으로 초당파적이고 보편적이며 고유 관심이 사상된 관점을 의미하는 소위 '도덕적 입장(Moralischer Standpunkt)'의 중립성 견해가 비판된다. 윤리 판단은, 가령 넬 나딩스(Nel Noddings), 로레인 코드(Lorraine Code), 수잔 셔윈(Susan Sherwin)의 경우에서처럼, 그와 반대로 항상 그때그때의 행위 상황 및 행위자의 관점과 관심을 고려하고 있으며, 이는 특별히 여성을 위해서 당파적 입장을 옹호하는 여성주의 지향의 윤리학들에 유효하다. 이러한 입장은 필연적으로 윤리 판단의 형성에 영향을 미칠 것이다.[15] 덧붙여 감정은 윤리 판단의 형성에 있어 하나의 중요한 역할을 수행할 것이다.

이를 넘어서 일찍이 아리스토텔레스의 영향을 받은 칸트 비판적 여성들은 칸트 윤리학에 분류되는 정의 관점에 그리고 이와 결부된 좋음[선] 및 행복의 윤리학의 배제에 대항한다. 칸트의 자율적 주체성의 개념도 많은 여성주의 윤리학자들에 의해 거부되는데, 그 이유는 그것이 초월론적 주체와 경험적 주체의 대비 및 목적 왕국에 대한 자유 왕국의 대비 속에서 인간의 역사성 · 신체성 · 정서성을 고려하지 못하고 있으며 이와 함께 정신과 물체 내지는 영혼과 신체라는 전통적 이원론을 재생산하기 때문이라는 것이다. 아울러 인간은 자신의 도덕 판단을 이른바 '홀로(im stillen Kämmerlein)' 내리게 되는, 타자로부터 고립된, 독립적인, 무관계적 존재로 간주된다.

칸트 윤리학뿐 아니라 존 롤즈의 『정의론 *Theorie der Gerechtigkeit*』도 가령 마릴린 프리드먼(Marilyn Friedman),[16] 버지니아 헬드(Virginia Held),[17] 엘리자베스 콘라디(Elisabeth Conradi)[18] 같은 여성주의 윤리학자들의 반대에 부딪힌다. 이들은 롤즈의 보편주의적 · 의무론적으로 정향된 윤리학 일반에의 고수, 특히 롤즈의 원초적 상황에 대한, 그러니까 소위 '무지의 베일(Schleier der Unwissenheit)'의 고려, 롤즈의 정의 이해 그리고 형식적 평등과 자율적 주체 간의 호혜적 승인 관계에 기초한 사회계약론의 부활을 비판한다. 롤즈는 소위 자신의 정의론에서 홉스, 로크 혹은 루소 같은 고전적 사회계약론자들처럼 원초적 상태 내지 자연 상태의 구성에서 출발하는데, 이 원초적 상태 내지 자연 상태에서 개개인은 자유롭게 도덕 원칙 및 가령 정의를 규정하는 하나의 사회계약을 인정한다. 자유로운, 이성 능력을 지닌 모든 존재는 원칙적으로 이러한 사회계약에 동의할 수 있고 그 때문에 그 속에서 확정된 원칙들은 보편적이다.

물론 이를 위해서 필요한 것은, 모든 개별적인 그리고 당파적인 관심과 경향의 배제 아래서—그러므로 사람들이 한 사회 속에서 구체적 지위를 차지한다는 것에 관한 '무지의 베일' 아래서—동의가 이루어진다는 점이다. 그런 경우에만 도덕 원칙들은 실제로 보편적으로 정초된다. 이러한 일반 원칙들로부터 다시금 바로 모든 개개 행위의 실행 근거가 되는 도덕적 행위의 구체적인 규칙들이 나오게 된다. 계약 모델은 주체의 자율성과 나란히 주체의 형식적 평등과 상호 호혜성을 전제한다. 그러므로 원칙들은 모두에게 동일한 방식으로 타당하다. 상호 호혜성과 평등은 분배 및 균등의 정의란 의미에서 롤즈의 정의 이해의 기초이기도 하다.[19] 형식적 평등 및 상호 호혜성의 전제에 대해서 여성주의 측으로부터 이제, 가령 부모-자녀 관계 혹은 건강한 사람과 환자 간의 관계처럼, 비대칭적 관계의 도덕적 의미가 대립된다. '무지의 베일'의 테제는 앞서 '도덕적 입장'의 테제와 마찬가지로 그것의 중립성과 객관성의 주장 때문에 비판된다. 그리고 원초적 상태 내지 자연 상태의 가설은 거부되는데, 왜냐하면 그것은 무결합 · 무관계 · 무역사의 자아를 의미하는 자율적 주체를 가정하기 때문이다.

하버마스의 담론 윤리학(Diskursethik) 역시 여성주의 측의 비판을 받는다. 그래서 예를 들어 안젤리카 크렙스(Angelika Krebs)는 담론 윤리학에 대해서 한편으로는 통찰과 합의의 혼동을 비판함과 아울러 궁극적으로 순전히 규약주의적 도덕의 정식화를 비판하고, 다른 한편으로는 하버마스가 그의 편협한 합리성 개념으로 감성과 경향성을 담론에서 추방하였다고 비판한다. 즉 하버마스에 있어서 개념적 사고와 논증적 토론을 자유로이 행사할 수 있는 인간만이 담론 능력이 있을 것이다.[20]

전통 비판의 두 번째 노선은 철저히 칸트나 롤즈 혹은 하버마스에게서 본으로 삼을 만한 연결 가능성을 보며, 이들에 대한 비판을 성별 관점과 그것의 남성 중심주의 측면에서 이들 윤리학의 '맹점(blindener Fleck)'을 지적하는 것에 제한

한다. 이러한 입장을 칸트 윤리학과의 관련 속에서 우줄라 피아 야우흐(Ursula Pia Jauch),[21] 헤르타 나글-도체칼(Herta Nagl-Docekal),[22] 오노라 오네일(Onora O'Neill)[23]이 옹호한다. 야우흐는 칸트 윤리학의 남성주의적 내용을 상세히 비판한다. 칸트는 도덕 존재로서의 여성을 고려하지 않으며 여성을 '아름다운(schön)' 성으로 환원시키고, 감각 존재인 여성은 결코 도덕 주체가 될 수 없다고 주장함으로써 이를 정당화한다. 왜냐하면 여성은 감각 존재로서 자신의 경향성을 단념하는 것이 불가능하기 때문이다. 경향성의 단념은 윤리 판단을 내리는 데 있어 필수적인 것이다. 그러므로 여성은 칸트에 따르면 본래 자신의 자유를 실현시킬 수가 없는 타율적 존재이다. 보부아르의 말로 표현하면, 칸트에 있어서 여성은 도덕적 주체의 '타자'이며, 도덕적 주체는 오로지 남성일 뿐이다.

중요한 성별 문제에 있어 계몽주의자 칸트는 과감하게 자신의 고유한 오성의 빛을 사용하고자 하지 않고, 오히려 여성을 자연 존재 및 감각 존재와 동일시하며 그와 동시에 자연과 감각을 정신과 사고에 비해 평가 절하하는 여성 혐오 전통에 여전히 깊이 뿌리박고 있다. 하지만 칸트 비판에도 불구하고 야우흐는 동시에 칸트 윤리학이 지닌 불변의 유의미성, 특히 그것의 자율성 · 주체성 · 도덕성의 결합을 강조하며 여성주의 윤리학 기획에 있어서도 칸트 윤리학의 중요성을 강조한다. 마찬가지로 나글-도체칼도 칸트 윤리학의 남성 중심적 태도에도 불구하고 여성주의 윤리학을 위한 칸트 윤리학의 중요성을 확신한다. 정언명령의 여성주의적 해석과 나란히 그녀는 칸트에 있어 소극적 의무와 적극적 의무 간의 차이, 최고선 이론, 자율적 주체성의 개념을 끄집어낸다. 같은 방향의 목표를 겨냥하는 오네일은 다른 것에 우선하여 정언명령의 분석, 정언명령과 행위 격률의 차이, 존경 개념의 여성주의적 수정에 집중한다.

롤즈에 대한 비판과 동시에 롤즈의 정의론 기초에 놓여 있는 통찰들을 견지하고자 했던 사례는 세일라 벤하비브(Seyla Benhabib)에게서 발견된다.[24] 그녀는 「일반화된 타자와 구체적 타자 *Der verallgemeinerte und der konkrete Andere*」라는 논문에서 롤즈 계약론의 결함을 지적한다. 벤하비브는 롤즈에 의해 주장된 일반화된 타자의 이해의 관점이 내포하는 무결합적이고 무역사적인 자아를 비판한다. '일반화된 타자(der verallgemeinerte Andere)'의 관점은 타자의 개별성과 구체적 정체성, 그러므로 타자가 자기 삶을 이끌어 가게 되는 역사적 조건과 맥락을 추상화시킨다. 이러한 이해에 벤하비브는 구체적 타자, 곧 타자와 상호 호혜성의 관계 속에 있지만 하나의 역사적이고, 감수성 있는 자아를 대비시킨다. 이러한 관계 속에는 사랑 · 배려도 자리잡고 있다.

마찬가지로 벤하비브는 하버마스의 담론 윤리에 대해서 그것의 보편적 · 패러다임적 정초, 정의 관점에로의 담론 윤리의 제한, 좋은 삶에 대한 관점의 배제를 이유로 비판한다. 벤하비브에 따르면 이와 결부되어 있는 것은 도덕 행위에 있어 구성적 요소이자 필요불가결한 요소로서의 배려와 공감이다. 하지만 롤즈와 하버마스에 대한 비판에도 불구하고 벤하비브는 롤즈와 하버마스에 의해 밑그림이 그려진 노선을 결코 벗어나지 않으려 한다. 롤즈 이론에 대해서 그녀는 일반적 타자로부터 구체적 타자로의 전환 및 롤즈의 수정을 요구한다. 하버마스의 담론 윤리에 대해서 그녀는 무엇보다도 담론 개념과 도덕성 개념의 확장을 통해 배려 및 공감의 관점을 수렴해야 한다고 주장한다. 하지만 그녀는 자율성 · 주체성 · 상호 호혜성을 고수하는 것과 마찬가지로 보편주의 윤리학의 원칙들도 고수한다.[25]

여성주의 윤리학은 오랫동안 의무론적 윤리학 전통 및 자유주의적 도덕 이론 전통들에 대한 분석과 비판에 집중해 왔다. 그러는 사이에 목적론적 윤리학들도, 즉, 일찍이 좋은 삶의 개념, 행복의 개념에 정향된 그리고/혹은 공동체 측면 및 전통과의 결합을 강조하는 윤리학들도 여성주의 윤리학의 시야에—공리주의의 고전적 아리스토텔레스 윤리학 및 공동체주의와 같은 신아리스토텔레스적 구상들과 나란히—들어섰다.[26] 이러한 비판도 간략히 짚고 넘어가야 할 것이다. 그 다음 제3장에서 목적론적 윤리학과의 여성주의적 대결에 대한 상세한 논의가 이어진다.

우선 목적론적 윤리학의 고전적 형식, 곧 아리스토텔레스 윤리학이 비판된다. 아리스토텔레스가 여성을 체계적으로 윤리학에서 배제시킨 점에 대해 여성주의 관점에서 아리스토텔레스에게 이의를 제기할 수 있다. 그에게 있어 폴리스의 자유 시민만이 윤리 판단의 주체로서, 여성과 노예는 시민이 아니었다. 그러므로 이들은 아리스토텔레스의 윤리적 반성의 적용 영역 밖에 있었다. 이러한 배제의 원인은 아리스토텔레스 인간학 속에서 찾을 수 있다. 이에 따르면 여성은 이성 존재가 아니라, 오히려 자연 존재이고 그 때문에 결함 존재이며, 질료와 마찬가지로 순전히 수동적이고 감각에 종속되며, 따라서 학문의 논증적 사고도 이성의 직관적 파악 능력도 없다. 그렇다면 여성은 궁극적으로 도덕적 통찰을 통한 윤리 판단을 내릴 능력이 없으며, 따라서 여성은 결코 윤리적 반성의 주체가 아니라는 결론이 나온다.

아리스토텔레스의 남성 중심적 윤리학에 대한 이러한 원칙적 비판과 나란히 아리스토텔레스 윤리학의 특수 부분들에 대한 여성주의적으로 동기화된 이의들, 가령 그의 정의 이해에 대한 이의도 있다. 예를 들어 안드레아 마이호퍼(Andrea Maihofer)는 아리스토텔레스의 평균화되고 교환적인 정의 이해에 대해 이의를 제기한다. 아리스토텔레스에 따르면 그 정의의 원칙은 "각자에게 그가 가져야 할 몫을 주어야 한다"는 원칙이다. 이러한 맥락에서 아리스토텔레스는 불평등도 정당화하는데, 왜냐하면 동일한 것은 동등하게, 동일하지 않은 것은 불평등하게 다뤄질 수 있기 때문이라는 것이다. 그 귀결은, 여성은 폴리스에서 남성과 동등한 권리가 인정되지 않았기 때문에 아리스토텔레스 학설에 따라 동등한 대우를 받을 수 없고 불평등한 대우를 받아야 했다 – 아리스토텔레스는 여기서 사회적 관습을 받아들이며 이에 대해 철학적 정당성을 부여한다. 아리스토텔레스의 교환적 정의론은 그 때문에 마이호퍼에 따르면 여성주의적 관점에서 거부되어야 한다.[27]

아리스토텔레스 윤리학뿐 아니라, 공동체주의(der Kommunitarismus) 같은 신아리스토텔레스적 윤리학들도 여성주의적 관점에서 비판된다. 파우어-스투더, 나글-도체칼, 프리드먼, 엘리자베스 프레이저(Elizabeth Frazer), 니콜라 레이시(Nicola Lacey) 같은 여성주의 윤리학자들의 주장에 따르면 공동체주의는 보수적 특징을 지니는데, 왜냐하면 윤리 판단에 있어 공동체의 의미 및 그것의 전통과 관습을 강조하기 때문이다. 그러한 전통들은 흔히 남성 중심적이며 여성 혐오적인 경향을 갖는다. 따라서 여성 해방과는 거리가 먼 모든 가부장제 역할 모형과 가치 표상들이 전승된다. 아울러 공동체주의 윤리학에서 주체의 권리와 자유의 의미는 너무 간략히 등장한다. 여성주의 윤리학이 앞으로도 하나의 해방을 목표로 한 요구를 주장하고자 한다면, 그러한 주체의 권리나 자유의 의미를 포기하지 말아야 할 것이다.[28]

앞서 의무론적 윤리학 전통에서와 마찬가지로 아리스토텔레스 윤리학에 대해서도 여성주의적 재구성의 시도가 있다. 그러한 여성주의적 아리스토텔레스주의자 가운데 가장 중요한 여성 옹호자는 아마도 마사 누스바움일 것이다. 그녀는 아리스토텔레스 인간학과 그의 본질주의적 덕 이론을 비판하긴 하지만, 아리스토텔레스 윤리학의 중요한 요소들이—특히 좋음[선]의 이론과 인간의 근본 태도, 덕에 대한 아리스토텔레스의 성찰이—여성주의 윤리학을 위해서도 풍부한 결실을 가져올 수 있다고 확신한다.[29]

로레인 코드 혹은 엘리자베스 콘라디 같은 다른 여성주의 윤리학자들은 아리스토텔레스 윤리학의 특정 부분을 수용한다. 코드는 덕으로서의 '우정(Freundschaft)'에 관한 아리스토텔레스의 성찰을 인용하면서, 이를 윤리 모델로서의 '여성들간의 우정(Freundinnenschaft)'에 관한 자신의 반성과 결합시키고자 한다.[30] 콘라디는 아리스토텔레스의 '프로네시스(phronesis, 윤리적 선에 대한 지식)'를 상황에 따라 윤리 판단을 내릴 수 있는 능력에 대한 성찰의 기초로 받아들인다.[31] 모니크 드보(Monique Deveaux)와 페트리시아 베너(Patricia Benner)는 여성주의적 배려 윤리학, 곧 배려 및 공감의 태도가 중심이 되는 윤리학을 아리스토텔레스의 덕 윤리학과 연관짓는데, 그 이유는 첫째로 배려함은 하나의 근본 태도, 하나의 덕이기 때문이고, 둘째로 배려는 도덕적 통찰, '프로네시스'를 필요로 하기 때문이며, 셋째로 배려는 행위의 목표에 정향되어 있기 때문에, 곧 목적론적 방향을 취하고 있기 때문이라는 것이다.[32] 에이미 굿맨(Amy Gutmann)은 공동체주의의 여성주의적 수용을—그것의 보수적 성향에 대한 비판과 상관없이—지지한다. 즉 좋음이나 공동체 같은 공동체주의적 가치들이 자유주의적 윤리학의 전통에서는 너무 간략히 소개된다는 것이다.[33]

여성주의 윤리학은 한편으로 전통 윤리학의 기술적 분석으로써만 이해되는 것이 아니라, 항상 비판적 입장과 가치 평가하는 입장도 주장하며, 나아가 고유한 윤리적 구상들의 정식화를 함축하기 때문에, 기술 윤리학으로서뿐 아니라, 무엇보다도 규범 윤리학으로서도 이해되어야 한다. 규범적 정향은 모든 여성주의적 윤리 기획의 출발점이자 기초이다.

출발점: 여성주의 윤리학의 규범성

여성주의 윤리학을 규범 윤리학으로 이해하는 것은 결코 자명한 일이 아니다. 일반 윤리학에 있어 규범적으로 정향된 윤리 기획을 거부하면서 순전히 기술적 윤리 이해를 지지하는 입장들도 물론 존재한다. 그러한 기술 윤리학은 윤리 판단의 가치 평가 및 정초 요구를 단념하며, 윤리 판단의 기능, 의미, 형식적 타당성만을 기술하고 분석하고자 한다. 그것은 메타 이론의 기능을 수행하며, 그렇기 때문에 메타 윤리학으로도 표현되는바, 메타 윤리학의 특징은 윌리엄 프랑케나(William Frankena)가 설명하듯 규범적 중립성이다.

"메타 윤리학은 결코 도덕 원칙이나 행위 목표를 제안하지 않는다. 말하자면 간접적 방법을 취하고자 하며, 철두철미하게 개념 분석으로 구성된다. 분석적 도덕 철학은 지난 수십 년간 메타 윤리학에만 집중했고 규범적 물음에 대해 다루는 것을 [……] 단념했다. 메타 윤리학의 관심은 윤리 개념의 해명 및 이해에 있었고 실천적 지도 형식에—비록 일반적 형식이라 해도—있지 않았다."[34] 따라서 메타 윤리학은 그 자체 하나의 특별 지위를 주장한다. "도덕 용어와 도덕 판단의 의미 이론 [……] 도덕 판단의 정초 이론"[35]으로서 그것은 비도덕적 · 기술적 판단을 내린다.

여성주의 윤리학은 결코 메타 윤리학적 반성에만 제한된 기획이 아니다. 그것은 가치 중립적인 것이 아니고, 도덕 원칙 및 행위 목표에 대한 제안을 포기하지 않는다. 그것은 오히려 윤리학이란 — 순전히 기술 윤리학의 가능성의 주장에 대립해서 — 항상 이미 하나의 규범적 기획이라는 것에서 출발한다. 왜냐하면 정확히 보면 기술적으로 특징지어지는 윤리학은 가치 중립적이지 않으며, 그 자체 이미 그것의 분석을 규정하는 함축적 가치 평가 및 전제들을 가지고 있기 때문이다.

그래서 예를 들어 잉그리드 크래머-뤼겐베르크(Ingrid Craemer-Ruegenberg)는 리차드 헤어(Richard Hare)의 메타 윤리학의 사례에서 그 어떠한 메타 윤리학이든 함축적인 규범적 진술들과 만나며, 따라서 항상 규범적 요소들과 기술적 요소들로 구성된다는 점을 강조한다.[36] 그리고 맨프레드 리들(Manfred Riedel)은 순수하게 기술적으로 이해되는 윤리학은 그것의 비판적 관점을 잃을 것이라고 올바로 지적한다. "도덕학에 대해 학문의 가치 중립성(Wertneutralität)을 요구하게 되면, 도덕학은 그 자신의 고유한 가치 전제들에 대해 다시금 반성할 수 없게 된다. [……] 학문을 통한 계몽의

도덕 비판적 작업은 이와 함께 자연 억압으로 변하고 마는 무비판적 계몽 변증법으로 전복된다." 37

이제 여성주의 윤리학이 원칙적으로 규범적인 것으로 이해될 수 있다면, 윤리학에 대한 이러한 규범적 이해는, 여성주의 윤리학자들이 '도덕적 입장(moralischer Stantpunkt)'을 취하는지 여부의 물음에서 필연적으로 따르는 결론도 접수한다. 윤리적 전통은 무당파성 · 객관성 · 중립성 및 어떠한 사적 관심도 배제하는 입장을 '도덕적 입장'으로 간주한다. 판단자의 고유한 관심 · 소망 · 확신으로부터 독립된 도덕 판단에 대해서만 보편타당성이 인정되기 때문이다. 즉 그러한 관심으로 해서, 그러니까 '도덕적 입장'의 대표자들이 판단을 불투명하게 하고 부분적으로만 타당할 뿐 보편적으로 타당하지 않은 도덕 판단을 이끌어낼 수 있다는 것이다.

그러한 입장은 대부분의 윤리적 구상들에 있어서 결코 윤리학의 규범성에 모순되지 않으며, 오히려 그 반대이다. '도덕적 입장'을 취함은 그러한 규범 윤리학의 구상을 우선 첫째로 가능하게 할 것인바, 왜냐하면 도덕적 입장을 통해서만 윤리 판단의 보편성이 확보될 수 있기 때문이다. 여성주의 윤리학자들은 '도덕적 입장'이라는 전제에 대하여 바로 규범 윤리학에 있어서 무당파성의 입장은 있을 수 없을 것이라고 이의를 제기한다. 우리는 근거 있는 가치 평가에 의거해서 윤리 판단을 내리며, 이러한 가치 평가에 있어서 항상 우리의 인식을 지도하는 관심들도—이와 함께 우리의 고유한 이익 관심과 당파성도—흘러든다. 가치 판단을 내리는 사람은—그리고 윤리 판단은 가치 판단에 다름 아니다—결코 가치 중립적이지 않다. 물론 그때그때 윤리적 기획을 이끄는 고유한 전제와 관심을 공표하는 것이 필요하며, 이러한 전제를 기꺼이 정정할 준비를 갖추는 것이 필수적이다. 그렇지 않을 경우 개개 윤리 구상들은 그저 자신의 관심을 정당화하기 위해 사용되는 하나의 이데올로기적 기획으로 전락하고 말 것이다.

당파성은 학문의 중립성 요구에 모순되며, 여성주의 윤리학은—그것이 도덕적 입장을 포기할 경우—그로써 비학문적이게 된다는 이의가 있을 수 있다. 하지만 이에 대해 강조되어야 할 점은, 이미 지난 세기 70년대에 위르겐 하버마스(Jürgen Habermas)와 토마스 쿤(Thomas Kuhn)이 학문의 중립성 이념 및 객관성 이념과 결별하고 인식을 이끄는 관심 및 모든 남녀 학자들에게 고유한 문화적·전통적 영향에 따른 특성에 주의를 환기시켜 왔다는 점이다.[38] 이렇게 인식을 지도하는 관심은 공표하는 것이 필요하다. 이에 대해서 어떠한 관심도 어떠한 입장도 취해서는 안 된다고 주장하는 사람은 최소한 하나의 관심과 하나의 입장을 갖는데, 곧 그 혹은 그녀의 고유한 관심과 동기의 편에 서면 안 된다는 입장이다.

여성주의 윤리학의 학문성에 대한 물음과 관련해서 이것이 의미하는 바는, 모든 학문뿐 아니라 모든 여성 및 남성 연구자는 고유한 인식 지도적 관심 및 각각의 입장을 갖는다는 것이다. 소위 객관적 자연과학들도 관심에 의해서 지도된다. 그리고 기초에 놓여 있는 이성 이해 및 학문 이해에 따라서 연구 프로젝트뿐 아니라 연구 결과도 차이가 난다. 여성주의 철학자들도 문제 설정과 연구 기획을 규정하는 그와 같은 하나의 입장을 가진다. 하지만 다른 많은 학자들과 달리 이들은 그러한 입장을 명시적으로 표현한다.

아울러 주목해야 할 점은, 성 범주와 관련해서 철학적 전통은 결코 중립적이지 않다는 것이고, 여성주의 윤리학의 관심사는 주지하는 바와 같이 성 범주의 관점 아래에서의 윤리학이라는 것이다. 세일라 벤하비브는 이러한 측면을 다음과 같이 정식화한다. "사람들이 지금까지 서구 전통의 대표 저술들로 간주했던 것들이 거의 예외없이 특수 개인 집단의 산물들, 곧 — 전형적으로 그러하듯이 — 부유한 백인인 유럽 및 북미 남성들의 산물들이라 했을 때, 얼마나 그들의 요구를 대변하고, 얼마나 그들의 대사 임무를 포괄하고 있으며, 어느 정도 그 시각이 비편견적인가?"[39] 그리고 파우어-스투더는 보충해서 다음과 같이 논평한다.

"여성주의 윤리학자들이 지적해 왔던 점은, 성 중립적 용어의 사용이 실질적으로 불변의 남성 입장을 분명히 나타내고 있으며 '인간(Menschen)'은 대개 여성이 아닌 남성을 뜻하고 있음을 단순히 은폐하고 있다는 사실이다. [……] 객관적인, 성(Geschlecht)의 요소를 넘어서는 도덕 이론의 특성을 벗어나 있다고 여성주의 윤리학을 비난하는 것은 그러므로 소위 성 중립성이 아무런 공로가 없으며 오히려 하나의 치밀한 배제 전략임을 은폐하는 것이다. 우리가 보편주의적 도덕 이론을 언어로, 곧 모든 인간을 대신하는(*für alle Menschen*) 발언으로 취할 경우, 그것은 이 구체적 개개인의 삶의 조건들을 고려에 넣어야 할 것이고 누군가 어떤 사회에서(*wer in welcher Gesellschaft*) 존재하는 데 필요한 것을 배려해야 할 것이다. 이것은 성의 요소와 도덕 주체의 지위에 있어 철저한 불평등이 결합되어 있음을 고려하는 것도 의미한다. 이와 함께 다시금 도덕 이론적 입장의 분석이 갖는 이데올로기 비판적 잠재능력이 성 질서의 시각에서 명료해진다."[40]

여성주의 윤리학은 인식을 이끄는 관심을 처음부터 분명히 한다. 그것은 일종의 지배 비판적 관심으로, 개인이나 집단이 어떤 형식으로든 다른 개인이나 집단을 지배하는 것에 대해서 비판적이다. 모든 지배 비판적 관심은 여성들의 당파성에 의해서 그리고 성별 관점에 의해서 지도되며, 철학의 자칭 성 중립성을 깨는 하나의 당파성의 관점이다.

여성주의 윤리학 기초에 놓여 있는 동기는 이러한 지배 비판적 관심이다. 이러한 관심이 없었다면 여성주의 지향의 윤리학들은 결코 존재하지 않았을 것이다.

동기: 지배 비판적 관심

여성주의 윤리학의 특별히 지배 비판적 관심을 파우어-스투더는 다음과 같이 밝힌다. "여성주의 윤리학은 여성 차별 및 여성과 남성의 삶의 기회에 있어서의 비대칭에 정향된 일정한 윤리학의 관점이다. 그것의 대상 영역은 도덕 철학의 대상 영역과 동연적이다. 그것은 특정한 문제 제기에 국한되지 않는다."[41] 그러므로 여성주의 윤리학은 전통적인 남성 중심적 윤리학의 지배 기능만 비판하는 것이 아니라, 가부장제 사회에서 여성의 구체적인 삶의 환경을 분석하고 이를 극복하기 위한 행위 지침을 제공하려는 목표를 갖는다. 특히 프리가 하우크(Frigga Haug)가 이러한 측면을 강조한다. "여성주의 윤리학의 추구는 전복을 꾀하는 활동의 기대에서 나온다. 여성들을 위해서 실천 가능한 그리고 이를 행함으로써 동시에 모두에게 더 나은 상황이 될 수 있는 하나의 대안이 존재하는가?"[42] 그러므로 여성주의 윤리학은 "어떻게 지금의 상황과 다르게 될 수 있는가에 대한 하나의 조망"[43]을 제공한다는 것이다.

같은 맥락에서 하우크는 여성주의 윤리학에 대해 다음과 같이 요구한다. "그것은 우선 첫째로 지배 비판적이어야 한다."[44] 마찬가지로 세일라 벤하비브는 "여성주의적 비판 이론의 과제는 [……] 착취와 억압에 대해 투쟁하고 있는 여성들을 지원할 수 있는 해방 이론을 발전시키는 것"[45]이라고 기술하고 있다. 이로부터 왜 여성주의 윤리학이 무당파성의 요구와 관심을 배제하고자 하는 '도덕적 입장'의 요구를 거부하는지 설명이 된다. 여성주의 윤리학은 — 여성만을 위한 것이 아닌, 지배 관계 속에 관련되어 있는 모든 사람을 위한 — 철저히 당파적인 기획이다. 하지만 여기서 여성주의 윤리학은 하나의 이론적 기획일 뿐 아니라, 하우크가 정식화하듯 실천을 목표로 겨냥한다. "그것은 해방을 목표로 전복을 꾀하는 도덕을 정초한다. 따라서 인간과 모든 생명 존재에 대한 사랑에서 실천적 지성을 사회 분석을 위해 사용하며, 자발적으로 변화에 응하고, 다른 사람들과 함께 정치적 개입을 준비해 놓는 하나의 태도를 추천한다."[46]

이러한 지배 비판적 태도에서 전통 윤리학의 단순한 분석과 비판을 넘어 윤리적 공격에 착수하는 여성주의 윤리학의 모습이 분명해진다. 여성주의 윤리학은 삶이 달라질 수 있고, 무엇이 변화될 수 있으며 변화되어야 하는지 보여주고자 하며, 이를 통해 잘사는 삶 — 특히 여성들이 잘사는 삶에 기여하고자 한다. 변화는 개개인의 삶 혹은 성공적으로 잘사는 삶을 훼방하고 방해하는 사회 상황에 해당될 수 있다. 동시에 여성주의 윤리학은 — 여성들의 삶의 경험에서 출발하여 — 여성주의 윤리학이 반성하고자 노력하는 구체적 실천으로 나아간다. 여기서 재거가 언급했던 다음의 최소 조건들이 고려되어야 한다. "여성주의적 관점은 첫째로 여성의 예속을 강화하는 것이 아니라 이를 전복시키고자 하는 행위 지침을 제공해야 할 것이다. 두 번째로 그것은 공적 영역과 사적 영역이라는 두 영역으로부터 도덕 주제들을 다룰 수 있어야 할 것이다. 그리고 세 번째로 그것은 여성의 도덕 경험을 진지하게 받아들여야 할 것이다."[47]

여성주의 윤리학의 이러한 기본 동기로부터 여성주의 윤리학의 기획에 관한 잘못 이해된 해석들 — 가령 여성의 특수도덕으로 혹은 응용 윤리학의 단순한 한 분야로 여성주의 윤리학을 이해하는 것 — 이 생기지 않게 하는 여성주의 윤리학의 정의가 도출될 수 있다.

여성주의 윤리학의 정의: 여성의 관점에서 본 성공적으로 잘사는 삶의 방식에 대한 반성

우선 여성주의 윤리학의 기획은 일찍이 윤리학 일반에 있어서와 마찬가지로 성공적으로 잘사는 삶의 방식에 대한 반성으로 이해될 수 있다. 왜냐하면 윤리학의 목표는 자기 자신과 타자에 대한 바른 행실의 인간 행위 및 태도에 관해서 묻는 것, 그러므로 타자와 함께하는 공동체 안에서 각기 고유한 삶의 모습의 가능성을 숙고하고 성찰하는 것이기 때문이다. 이러한 반성은 가치평가하는, 판단하는 계기를 갖는데, 왜냐하면 나는 삶의 방식 일반에 대해서 물을 뿐 아니라, 내 삶을 이끌어 가고 만들어 나갈 일정한 방식, 곧 인간 실존의 성공적 방식에 대해서도 묻기 때문이다.

아리스토텔레스는 이러한 질문을 『니코마코스 윤리학 *Nicomachische Ethik*』에서 좋은, 성공적인, 행복한 삶에 대한 물음이라고 불렀다.[48] 이에 따르면 윤리학은 성공적으로 잘사는(*gelingend*) 삶의 방식에 대한 반성이다. 바로 이 때문에 윤리학은 규범적 성격을 지닌다. 즉 윤리학은 그것의 가치평가하는 관점을 통해서 단순히 행위를 기술하고자 할 뿐 아니라, 이를 정당화하고 그러한 행위에 대해 판단을 내린다. 그리고 그 때문에 판단에 대한 정당화 기준을 추구하고, 근거를 찾는다.

윤리학을 성공적으로 잘사는 삶의 방식에 대한 반성으로 규정하는 것은 분명히 목적론적 윤리학의 전통, 즉 좋은 삶의 윤리학의 전통에 서 있다. 하지만 폴 리쾨르(Paul Ricoeur)가 『타자로서의 자아 *Das Selbst als ein Anderer*』라는 저서에서 설득력 있게 제시하였듯이, 윤리적 반성은 의무를 지우는, 그러므로 의무론적 계기 또한 요구하는데, 특히 타자에 대한 태도, 타자의 성공적으로 잘사는 삶이 문제가 될 때 그러하다. 인간은 도덕적으로 완전하지 않기 때문에 이러한 의무의 계기는 필수적이다. 인간은 인간으로서 유한하며, 이러한 유한성이 의미하는 바는 과오를 저지를 수 있다는 것이다. 인간은 — 칸트의 말처럼 — '악의 성향(Hang zum Bösen)'을 자신 속에 지닌다.[49] 그러므로 어떤 것이 선으로 인식됨과 동시에 이러한 선을 실현시킬 의무가 생긴다. 이 의무에는 — 때로 자신의 소망과 관심에 반할 경우에도 — 타인이 행복하고 성공적으로 잘살 수 있게 되는 것에 대한 책임이 포함된다. 윤리학은 양자를 반성한다. 자신의 삶과 타인의 삶의 성취 및 모두의 행복한 삶에 기여하기 위해서, 나는 나 자신에 대해 갖는, 그러나 무엇보다도 타인에 대해 갖는 책임과 의무를 반성한다.

성공적으로 잘사는 삶에 대한 반성으로서 윤리학은 보편

타당성의 요구를 함축한다. 윤리학의 관심사는 개개인이나 특정 집단만이 아니라, 모든 인간이 성공적으로 잘사는 삶에 대한 반성이다. 윤리적 물음은 모든 인간에 의해서 제기될 수 있으며 모든 인간과 관계 있다. 여성주의 윤리학도 이러한 보편적 관점과 윤리적 반성의 규범적 요구를 필요로 한다. 그럼에도 불구하고 바로 여성주의 윤리학이 주장하는 바는, 윤리학의 보편적 · 규범적 요구가 필연적으로 중립적인 도덕적 입장과 결합되는 것은 아니라는 점이다.

모든 윤리적 반성은 — 모든 철학적 반성처럼 — 반성 활동 근저에 놓여 있는 인식 지도적 관심에 의해서 규정되며, 여성주의 윤리학자들은 자신의 인식 지도적 관심을 표명한다. 여성들의 삶의 경험에서 출발하여, 이들은 여성들을 위한 당파적 관점을 취하며 여기서 지배 관계가 성공적으로 잘사는 삶을 지원하는 것이 아니라 오히려 방해한다는 확신에 의해서 인도되는, 지배 비판적 관심을 주장한다. 이와 함께 여성주의 윤리학은 특히 여성들과 관련된 지배 관계 비판에 도움이 된다. 그것은 지배 관계를 극복하고 그래서 성공적으로 잘사는 삶에 기여할 수 있는 행위를 위한 관점들을 제시하고자 한다.

당파적 관점의 정당화를 — '도덕적 입장'의 요구에 반해서 — 여성주의 윤리학은 학문 인식의 객관성 및 몰가치성 이념에 대한 비판을 통해서만이 아니라, 인간학적 고려를 통해서도 확보한다. 일상생활에서 인간은 중성으로서 자신을 경험하는 것이 아니라 성적으로 구별된 존재로서 경험한다. 인간 존재는 일상적 이해에 있어서 자신을 항상 남성 혹은 여성으로서 구체화하는바, 그러므로 이미 성차의 요소를 통해서 규정된다. 성적 차이의 이러한 요소는 — 이러한 요소, 곧 고유한 실존의 성차 체험이 자연적으로 주어진 것인지 아니면 담론적으로 생산된 것인지 여부에 관한 정당한 물음으로부터 독립해서 — 이론의 여지가 없다.

일찍이 남성 혹은 여성으로서의 고유한 체험은 그때그때 삶의 경험을 새기며, 반성 · 질문 · 추구를 특징짓고, 동경 · 기대 · 불안을 각인한다. 그리고 이와 함께 그것은 윤리적 반성도 각인하는데, 왜냐하면 윤리적으로 반성하는 자아는 이미 여러 번 언급했듯이 결코 중립적 관찰자가 아니기 때문이며, 오히려 반성함에 있어서도 자신의 경험, 자신의 삶의 역사 및 삶의 정황과 결부되어 있기 때문이다. 그리고 이러한 경험들은 특히 성차의 요소에 의해서 규정되기 때문에, 성별은 성공적으로 잘사는 삶의 방식에 대한 반성에서 각별히 중요하다.

개인은 자신의 삶을 항상 구체적으로 여성 혹은 남성으로 이끌고 만들어 간다. 아울러 개인은 자신과 자신의 실존을 항상 성적인 존재로서 기투하며, 이와 함께 성 범주는 성공적으로 잘사는 삶의 방식에 대한 반성에 있어 중심적 의미를 갖는다. 여성주의 윤리학은 이러한 중요성을 명확하고 세밀하게 반성한다. 그런 한에서 여성주의 윤리학은 성별 관점의 특별한 고려 아래서, 그리고 여기서 다시금 여성의 관점에서 성공적으로 잘사는 삶의 방식에 대한 반성으로 이해될 수 있다. 이것은 결코 여성주의 윤리학의 보편성을 단념하는 것이 아니다. 그것은 특별한 관점과 특별한 이익 관심에서 출발하는 윤리학을 명확히 표현하며, 윤리 판단 및 도덕 행위의 정초에 관한 일반 이론을 수용 내지 공식화한다. 그것이 내리는 판단들과 그것이 발전시키는 명령은 단순히 부분적 타당성 요구를 주장하지 않으며, 여성들에게만 타당한 것이 아니다. 여성주의 윤리학의 반성 활동의 출발점이 여성들의 삶의 경험이고 여성들을 위한 당파성이라 해도, 모든 인간이 성공적으로 잘사는 삶이 목표가 된다.

그러나 어떻게 여성주의 윤리학은 성별 관점 아래서 성공적으로 잘사는 삶에 대해 반성하려는 과제를 완수할 수 있는가? 어떠한 방법론이 여성주의 윤리학에 적절한가? 이러한 물음들과 관련해서 여성주의 윤리학 토론 내에 격렬한 논쟁들이 존재한다. 가령 여성주의 윤리학은 보편적으로 정초될 수 있는가 아니면 맥락적으로 정초될 수 있는가, 그것은 정의의 관점에서 정식화될 수 있는가 아니면 좋은 삶의 관점에서 정식화될 수 있는가, 그것은 자유의 우선권에서 출발해야 하는가 아니면 공동체의 우선권에서 출발해야 하는가 여부는 여러 가지로 논쟁의 여지가 있다. 마찬가지로 논란이 되는 것은, 여성주의 윤리학이 성 평등 이념에 방향을 맞추어야 하는지 아니면 성차의 윤리적 함축을 강조해야 하는지의 물음이다. 그리고 마지막으로 여성주의 윤리학자들은 여성주의 윤리학의 기획이 근대 철학의 근본 동기—즉, 주체의 자율성—에 의존하는지 아니면 이러한 근본 동기가 여성주의적 관점에서 비판되고 포기되어야 하는지에 대해서도 논쟁한다.

3_여성주의 윤리학 토론의 논쟁들

모두를 위한 하나의 윤리학?
여성주의 윤리학의 보편적 정초와 맥락적 정초

여성주의 윤리학 내의 첫 번째 큰 논쟁은 윤리 판단의 정초에 관한 물음이다. 윤리 판단은 보편적으로 타당한가 아니면 맥락적 타당성만이 윤리 판단에 알맞은가? 그리고 무엇보다도, 여성주의 윤리학의 기획은 보편주의적 윤리학 정초의 틀 내에 자리매김될 수 있는가 아니면 맥락적인 윤리적 정초 구상의 틀 내에 자리매김될 수 있는가?

여성주의적 맥락주의

여성주의적으로 동기화된 윤리적 맥락주의를 지지하는 여성들에게 보편주의적인 여성주의 윤리학은 그 자체가 하나의 모순이다. 물론 이들 대부분은 순전히 상대주의적 윤리 모델을 거부하는데, 그 이유는 지배 비판적 관심을 갖는 여성주의 윤리학이 결코 상대주의 윤리학일 수 없기 때문이다. 하지만 맥락주의를 지지하는 여성들은 보편주의 윤리학이 결코 상대주의에 대한 대안이 될 수 없다고 확신하는데, 왜냐하면 보편주의 윤리학들은 행위자들이 살고 있는 특수한 행위 상황 및 맥락적 조건들을 다루고 이를 윤리 판단에 영향을 미치게끔 할 수 없기 때문이다. 보편주의 윤리학의 입장에 서게 되면, 윤리학이 삶에 낯설고, 엄격하며, 차이 및 특수성에 대해 맹목적이게 된다.

윤리적 맥락주의를 지지하는 여성들이 보기에 보편주의 윤리학들은 추상적이고 절대성을 요구하는 경향이 있으며, 그것의 인지론적 방향 설정 속에서 감정의 측면, 특히 동정 · 배려 · 공감의 측면들을 배제한다. 아울러 보편주의 윤리학은 평등 · 상호 호혜성 · 정의의 측면이나 규칙 도덕에 고정되어 있고, 비대칭적 관계들 및 배려 윤리학 그리고 도덕이 전적으로 규칙에 의해서 지도되는 것은 아니라는 사실을 고려하고 있지 않다. 마지막으로 보편주의 윤리학은 하나의 독립된, 유대 없는, 고립된 자아로서의 인간 자아에 대한 이해를 함축하는바, 이 자아는 자신의 행위 규범을 스스로 자기가 살고 있는 공동체와 맥락으로부터 독립해서 자신에게 부여한다. 그러므로 맥락주의 윤리학을 지지하는 여성들은 윤리적 보편주의를 종종 의무론적 윤리학과 동일시한다는 것이 분명해진다.

의무론적 윤리학은 규칙과 원칙에, 권리와 의무에, 무조건적 요청, 자율적 주체성 이념 및 이와 결부된 상호 호혜성 이념에 정향되어 있다. 물론 보편주의 윤리학에 대한 또 다른 이의도 있다. 보편주의 윤리학에 전제된 보편성은 사실 – 명시적이든 암시적이든간에 – 이미 항상 남성적으로 의미화되어 있어서 전혀 보편적이지 않는, 오히려 부분적이라 할 수 있는데, 왜냐하면 보편주의 윤리학은 여성들을 이러한 보편적인 것의 '타자(das Andere)'로, '특별한 것(Besonderes)'으로 구성하고 보편적인 것으로부터 배제하기 때문이다. 그러므로 보편주의 윤리학은 항상 이미 보편적 혹은 중립적인 것으로 선언되는 남성적 입장에서 정식화된다.

여성주의적 맥락주의를 지지하는 여성들 가운데 한 사람은 수잔 셔윈(Susan Sherwin)이다. 그녀에 따르면 여성주의 윤리학은 "인간관계와 아울러 개별적 개인도 고찰하는 하나의 이론이다. 그것은 고립되고 상호 독립적인 원자적 개인의 관례적 모델에서 출발하는 것이 아니라 복합적인 사회망에서 출발하며, 인간간의 유대를 권리와 독립성에 우선시킨다. 그것은 자유로이 부유하는 행위가 아니라 구체적 상황과 인간을 중심에 놓는 이론이다."[50] 그러므로 보편주의에 대한 서원의 핵심 비판점은 그것의 형식주의와 주체 개념 및 자율성에 대한 이해이다. 보편주의 이론은 — 서원이 절대성으로 특징짓는 — 위험한 것인데, 그 이유는 — 그녀에 따르면 — 보편주의적 이론에 억압 구조가 내재되어 있기 때문이다.[51] 하지만 그녀는 동시에 관습주의적[규약주의적]으로 방향을 취한 윤리적 상대주의도 반대한다. 순전히 관습주의적으로 정초된 윤리학은 결코 여성 억압에 대한 여성주의적 비판의 기초일 수 없기 때문이다. 서원은 여성 할례의 예를 통해 이를 증명한다.[52]

마찬가지로 캐롤 길리건(Carol Gilligan)은 여성주의적인 윤리적 맥락주의를 지지한다. 특별히 '여성 도덕(weibliche Moral)'에 대한 숙고의 틀 안에서 길리건은 자신이 보편주의적 원칙 윤리학에 배속시킨 형식주의 및 엄숙주의를 탈피해야 하는 탈관습적 맥락주의, 다시 말해 도덕 정초의 맥락적 방법론을 옹호한다. 동시에 상대주의적 윤리 모델을 지지하는 관습주의[규약주의]도 피해야 한다. "아마 어떠한 대답도 맥락 독립적이란 의미에서 객관적으로 옳지는 않겠지만, 몇

몇 다른 사람들의 대답과 사고방식은 선호될 수 있다."[53] 길리건에 따르면 여기서 윤리 판단의 형식적 정초와 내용적 적용 간의 차이가 없어지는데, 왜냐하면 윤리 판단은 구체적 상황에 관련되기 때문이다. 윤리 판단의 정초 가능성은 그것의 적용 가능성을 함축하고, 그 역 또한 성립한다. 이러한 탈관습적 · 맥락적 정초 방법을 길리건은 그 다음 두 번째 단계에서 특별히 '여성 도덕'과 동일시한다.

맥락주의 윤리학은 종종 배려함 및 배려의 태도를 반성의 출발점으로 삼고 공감 측면을 강조한 배려 윤리학으로 이해된다. 이러한 맥락주의적 배려 윤리학 내지 보살핌 윤리학을 지지하는 길리건은 보살핌 윤리학을 '여성 도덕'과 동일시한다. 길리건 외에 가령 조안 C. 트론토(Joan C. Tronto), 사라 러딕(Sara Ruddick), 엘리자베스 콘라디는 맥락주의적으로 정향된 배려의 여성주의 윤리학 구상들을 제시하였다.[54]

트론토는 개인과 세계, 개인과 구체적 환경과의 결합에서 출발하는 배려 윤리학을 구상한다. 여기서 그녀는 배려를 "우리가 가능한 한 가장 잘 살아갈 수 있는 세계가 될 수 있도록 세계를 유지하고 존속시키며 개선하기 위해 행하는 모든 것을 담고 있는 특별한 활동"[55]이라고 정의한다. 트론토는 배려를 네 단계로 구별한다. 곧, 관심(caring about), 지원(taking care of), 배려함(care-giving), 보살핌을 받는 것

(care-receving)이다.[56] 그러므로 이 배려는 트론토에 있어 세계의 보존과 존속 및 개선을 위해, 아울러 세계-내-존재에 대해 책임지는 하나의 행위로서, 폭넓은 영역을 포괄한다. 그것은 세계 안에 존재하는 모든 것에, 인간적 그리고 비인간적 세계-내-존재에, 아울러 사물에 관련될 수 있다. 따라서 개인뿐 아니라 공동체도 배려하는 태도를 취할 수 있다는 것이다.

하지만 엘리자베스 콘라디는 트론토의 배려 정의가 세계와 삶을 지속시키는 네트워크에 주의를 기울이고 있기는 하지만, 사회 내지 사회구조에 대해서는 주목하고 있지 않다고 비판한다.[57] 다시 말해서 트론토는 '세계(Welt)' 이해에 있어 사회관계와 제도를, 그리고 이와 함께 도덕 판단과 행위 또한 특징짓는 현실성을 페이드아웃시켜 버린다. 콘라디에 따르면 그것은 '세계'에 타당한 배려의 이해를 축소시켜 버리는 것이다. 트론토의 배려 윤리학은 일종의 맥락주의 윤리학이다. 왜냐하면 트론토는 배려하는 태도가 어떤 기준에 따르는지, 보다 정확해 말해서 배려해야 할 인격의 어떤 욕구에 따라 배려가 지향되어야 하는지에 대해 미해결로 유보해 놓고 있기 때문이다.[58]

배려 윤리학의 구상은 사라 러딕도 제시하였다. 그녀는 배려의 태도를 모성적 태도와 동일시하며, 이에 따라 배려를 모성성에서 도출한다. 러딕에 있어서 어머니 존재는 여성주의적 윤리학의 패러다임으로서, 그녀는 남성 중심주의적 윤리학이 모성성을 폄하 내지 배제하는 것에 대해 비판한다. 러딕에 의하면, 여성은 모성을 비판적으로 수용하고, 평가절상하고, '여성 도덕' 내지 성차 윤리학의 출발점으로 승인해야 한다. 이러한 시각은 그녀를 뤼스 이리가라이 혹은 이탈리아의 여성 철학자 그룹인 '디오티마(Diotima)' 같은 성차의 여성 윤리학자들과 하나 되게 하는 관심사[59]이다.

하지만 러딕은 자신이 후보로 내세운 '모성적 사유(mütterliches Denken)'를 모성의 생물학적 사실이나 전통적 가족 모델에 결부시키지는 않았다. 오히려 러딕의 관심사는 그녀가 특별히 모성적 행위로서 표현하고자 했던 능력이다. 여기에 그녀는 명시적으로 사유도 포함시킨다. 이러한 '모성적 사유'는 사실 그녀에게 여성주의 윤리학 내지 '여성 도덕'의 기초이기도 하다. 이러한 '모성적 사유'는 버지니아 헬드(Virginia Held)의 여성주의 윤리학에서 핵심적인 개념으로 자리잡는다. 사회계약론에 기반한 윤리학들이 자율성과 상호 호혜성을 이상으로 내세우는 것과는 달리 헬드는 비대칭적 관계의 의미 그리고 관계망 속으로의 자아의 편입을 강조한다. 그녀에게 부모-자녀 관계와 함께 아이들에 대한 배려는 이에 대한 하나의 예이다.[60]

길리건의 윤리학과 트론토의 배려 윤리학을 모범삼아 엘리자베스 콘라디는 주의깊음의 윤리학을 제시하는데, 그 중심에 놓이는 것이 배려하는 행위다. 콘라디는 아홉 가지 테제를 통해 그녀가 이해하는 '배려함(caring)'에 대해 설명한다.

1. "배려는 인간의 상호작용을 나타낸다. 자기 자신에 대한 배려를 제외하고 그것은 최소한 두 사람으로 이루어진다. [……]
2. 흔히 배려의 상호작용에 참여하는 사람들은 서로 잘 아는 사이이다. 그러나 관계들은 또한 새롭게 맺어지기도 한다. 배려의 상호작용이 진행되는 가운데 그것에 참여한 사람들간에 하나의 관계가 생긴다. [……]
3. 배려는 상호작용으로서 배려하는 활동성과 마찬가지로 유대성의 측면을 포함한다. 전체적으로 배려는 사회적 실천으로 이해할 수 있다. [……]
4. 배려는 배려하는 것과 아울러 배려를 받아들이는 것도 포함한다. [……]
5. 배려의 상호작용은 때로 비대칭적이며, 힘의 역동성이 존재한다. [……]
6. 배려의 상호작용에 참여하는 사람들은 자율성에 있어 가지

각색이다. 주의깊음은 자율성의 명령을 필요로 하지 않는다. [……]

7. 배려-관계는 일반적으로 상호 호혜적이지 않다. 주의를 기울이는 것은 상호 호혜성에 묶여 있지 않다. [……]
8. 배려-상호작용은 비언어적인 것일 수도 있다. 배려는 대개 신체적 접촉과 관련된다. [……]
9. 배려의 상호작용에서 느끼고 사고하고 행위하는 것은 서로 얽혀 있다." [61]

그러므로 콘라디에 있어 배려는 둘 혹은 여러 사람의 언어적 · 비언어적 의사소통과 상호작용에 관련된 태도이자 행위이다. 콘라디는 트론토와 달리 배려의 사회적 측면을 분명히 제시하며, 배려의 실천에 있어 사고하고 느끼고 행위하는 것의 일치 및 배려하는 관계의 비대칭적 특성을 강조한다. 이와 함께 콘라디는 명시적으로 의무론적 기원의 보편주의 윤리학들의 자율성 사고와 상호 호혜성 사고를 비판한다. 마찬가지로 그녀는 존중과 주의깊음을 구분한다. 콘라디에 따르면 '존중(Achtung)' 개념은 의무론적 전통(도덕 법칙에 대한 존중, 자율적 주체들의 상호 존중)에 편입되어 있다. 반면 주의깊음(Achtsamkeit)은 인간의 배려와 염려의 측면을 표현한다.[62] 그러므로 콘라디에 있어 배려는 결코 윤리 원칙이 아니다 — 오히려 그 반대이다. 윤리학은, 콘라디에 따르면, 윤리 판단의 정초 토대로서 결코 윤리 원칙들을 필요로 하지 않는다. 관습적 도덕과 원칙들을 통한 정초 간의 구별은 이미 의무론적으로 동기화된 것이다. 콘라디에 의하면, 의무론적 윤리학은 별로 개연적이지 못하다. 그러므로 콘라디에 있어 특수한 것이 보편적인 것에 종속되어야 한다는 것은 필연적이 아니다.[63] 그 대신 — 아리스토텔레스적 '프로네시스'(즉, 상황과 관련하여 판단을 내리는 도덕적 통찰 능력) 혹은 칸트의 반성하는 판단력에 상응하여 — 특별한 상황에서 출발하는 것 그리고 개별 사례를 결정하는 것이 타당할 것이다.

여성주의적 보편주의

여성주의적인 윤리적 맥락주의는 윤리적 보편주의 및 형식 윤리학과 실질 윤리학 간의 차이를 견지하고자 하는 적지 않은 여성주의 윤리학자들의 반대에 부딪힌다. 가령 게르트루트 눈너-빈클러(Gertrud Nunner-Winkler)가 정의하는 도덕은 "모든 문화와 모든 시대에 타당한 일반적인 근본 원칙들이다. [……] 보편화 가능성과 무당파성은 [……] 도덕 규칙들을 다른 규범적 규제보다 두드러지게 하는 핵심 요소들이다."[64] 그리고 헤르타 나글-도체칼(Herta Nagl-Docekal)은 '보편주의(Univeralismus)' 개념이 부정확하게 다뤄졌다고 진단한다. 특히 칸트의 정언명법과 같은 형식적 보편주의는 다수의 제한적이고 융통성 없게 정의된 원칙들과 다르다.

칸트의 명법은 형식적이기는 하지만 추상적이지 않다. 왜냐하면 그것은 모든 사람의 안녕과 아울러 각 개인의 특수성도 고려하고 있기 때문이다. "하나의 형식적 규칙은 엄격히 보편주의적이면서 — 그것은 모든 사람에게 똑같이 해당된다 — 동시에 아주 철저한 개별화 현상에까지 적용될 수 있다."[65] 철저히 개별화하는 것은 질료적 차원에서의 규칙이고, 윤리 판단의 형식적 측면에서는 엄격히 보편주의적이라는 것이다. 아울러 나글-도체칼은 가령 배려의 맥락주의적 윤리학 같은 맥락주의 윤리학은 그 자체 함축적으로 보편적 개념들을 요구한다는 것 그리고 예컨대 인간성 · 의무 같은 보편적 개념으로 되돌아온다는 것을 분명히한다.[66] 이에 따라 맥락주의적 관점들은 아포리아에 부딪히게 된다. 그것들은 보편주의 윤리학을 거부함과 동시에 그것을 함축적으로 전제한다.

헤를린데 파우어-스투더는 보편주의와 무당파성을 싸잡아 비난하는 것에 대해 반박한다. "여성주의적 접근이 보편적인 동의 요청을 포기한다면, 여성주의적으로 수정된 윤리학의 적용 영역은 말하자면 여성주의적으로 사고하는 사람들에게만 한정되는 역설적인 결과에 부딪히게 될 것이다."[67]

그러나 파우어-스투더는 추상적 · 보편주의적인 원칙 윤리학과 결별하고자 한다. 그와 동시에 그녀는 보편주의 관점을 희생시키지 않으면서 좋은 삶의 윤리학의 요소들, 개인의 유대 · 감정 · 상황성 같은 현상들을 여성주의적 도덕 이론에 통합시키고자 하였다. 또한 일상 도덕의 실질적 차원에서 무당파성이 항상 유용한 것은 아니라 해도, 형식적 차원에서 무당파성의 입장은 전적으로 타당하다고 본다.[68]

세일라 벤하비브(Seyla Benhabib) 역시 윤리적 보편주의를 희생시키려 하지 않지만 — 길리건과 마찬가지로 — 무엇보다도 가령 칸트 윤리학이나 롤즈 계약론 같은 형식적 · 보편주의적 도덕 이론의 자율성 사상을 비판한다. 이들의 이론에서 도덕적 자아는 신체 없고 유대 없는 존재로 여겨지고, '중요한 타자(relevanter Andere)' 역시 나와 만나는 구체적인 인간, 여성 혹은 남성이 아니라, 단순히 일반화된 타자로서 간주된다는 것이다. 구체적 삶의 경험과 구체적 인간으로부터의 이러한 추상은 벤하비브에 따르면 여성적 삶의 경험을 배제시키는 결과를 야기하는데, 왜냐하면 도덕적 주체들은 "예외없이 재산을 소유한 혹은 최소한 직업을 가진 백인 성인 남자들"[69]이기 때문이다.

여기서 벤하비브는 자기 자신을 타자의 눈을 통해서 볼 수 없는 나르시즘적 자아로서의 자율적 · 독립적 자아 표상을 제공한 홉스나 루소의 자연 상태의 은유도 비판한다. 그녀에 따르면 다른 사람과의 만남을 통해서 비로소 자아의 나르시즘은 깨진다. 형식주의적 · 보편주의적 윤리 모델은 자아와 타자와의 이러한 관계를 보편화 관점 아래서 정식화한다. "일반화된 타자의 입장은 우리가 각 개인을 우리 자신이 주장하고자 하는 것과 동일한 권리와 의무를 요구하는 하나의 합리적 존재로서 생각할 것을 요구한다. 이러한 입장을 취할 때, 우리는 타자의 개별성과 구체적 정체성을 추상화시키게 된다. [……] 타자에 대한 우리의 관계는 형식적 평등(formaler Gleichheit)과 상호 호혜성(Reziprozität)의 규범에 의해 규정된다."[70] 상응하는 범주들은 권리와 의무의 범주들이고, 부합하는 도덕적 감정은 존경 · 존엄 · 의무이다.

벤하비브는 이러한 일반화된 타자의 입장에 반대하여 "구체적 역사와 정체성과 정서적 · 감정 이입적 이해를 갖는"[71] 개인의 특별성에서 출발하는 구체적 타자의 입장을 내세운다. "우리는 타자의 욕구들, 그녀/그가 추구하는 것의 동기들, 그녀/그가 원하는 것을 이해하고자 한다. 타자에 대한 우리의 관계는 공평성(Fairneß)과 보완적 상호 호혜성(complementäre Reziprozität)의 규범에 의해 지지된다."[72] 이에 상응하는 도덕 범주들은 책임 · 결합 · 부분들의 범주이며, 부합하는 감정은 사랑 · 배려 · 공감 · 연대성일 것이다.

벤하비브에 따르면 두 입장은 그 배타성으로 인해 문제가 있다고 보며, 이 점에서 그녀는 길리건의 탈관습적 맥락주의와 구별된다. 구체적 타자에 대한 유일한 관계는 근대 이전의 전통적인 부족 도덕, 폴리스 도덕 혹은 대가족 도덕과 동일하고, 따라서 정확하게 관습주의와 자의성에 빠지게 된다는 것이다. 보편주의적이고 평등한 도덕적 관점에 이르기 위해서는 전적으로 일반화된 타자의 입장을 취하는 추상화 작업이 요구되며, 역으로 이 입장은 구체적 타자의 관점을 통해서 보충되어야 하고, 형식적 보편주의는 상호작용적 보편주의로 수정되어야 한다고 본다. 벤하비브에 따르면 여기서 위르겐 하버마스(Jürgen Habermas)의 의사소통 윤리학이 모델로서 적합한데, 왜냐하면 그것은 상호작용의 요구와 아울러 윤리 판단의 보편화 가능성의 요구를 충족시키기 때문이다.[73]

여성주의 윤리학의 맥락주의적 구상이나 보편주의적 구상과 나란히 한편으로 맥락주의, 다른 한편으로 보편주의 사이에서 중간 입장, 소위 '제3의 길(einen dritten Weg)'을 개척하고자 하는 여성주의적 윤리 모델들도 있다.

맥락주의와 보편주의 사이에서: 중간 입장

한편으로 형식주의적 원칙 윤리학과 다른 한편으로 단순

한 임의적 상대주의 간의 중간 입장은 안드레아 마이호퍼(Andrea Maihofer)가 추진한다. 여기서 그녀는 벤하비브와 달리 하버마스적 기원의 담론 윤리학 모델에 정향하지 않는다. 마이호퍼에 따르면 담론 윤리학도 이미 칸트 윤리학처럼 자율적 주체의 환상을 맴도는바, 이 자율적 주체에 있어 타자는 단지 부당한 간섭을 통한 제한과 위험을 의미할 뿐이다. 마이호퍼는 인간의 사회성을 추상화한 이 "자율성과 자유의지의 형이상학"[74] 속에서 근대 시민의 도덕 담론의 핵심적 기능도 발견한다.

마찬가지로 하버마스에게서 하나의 형식적 · 보편주의적 관점과 아울러 "법적 담론 및 그것의 정당화 기준의 지배, 근대 시민의 도덕 담론에 있어 보편적이고 동일한 법칙의 지배"[75]가 발견된다고 한다. 마이호퍼는 이러한 보편주의적 관점을 하나의 "형이상학적 규범 이해로 비판하는바, 이러한 형이상학적 규범 이해에 있어 규범들은 인간에 의해서 '만들어진 것(Gemachtes)', 사회문화적 '고안(Erfindungen)'이 아니라 오히려 영원한 것, 고귀한 것, 모든 인간의 제약 위에서 움직이는 것으로 이해된다."[76]

마이호퍼에 따르면, 보편주의에는 헤게모니적 요소가 내재되어 있다. 왜냐하면 보편주의는 "근대 시민의 주체를 구성하는데, 근대 시민의 주체성은 (그 자신으로부터 벗어난)

보편적인 법칙 아래 자신을 위치짓는 복종 속에 있기 때문이다."[77] 이러한 보편주의 관점에 따르면 다른 도덕 이해들은 위계적으로 종속되거나 아니면 배제된다. 길리건조차 "도덕 관점의 초역사적 명증성의 아우라를 손대지 않은 채 있는데,"[78] 그 이유는 그녀의 핵심적 도덕 명법인 비폭력의 보편 원칙도 그것의 보편성 요구의 명증성과 마찬가지로 사회 문화적으로 제약되어 있기 때문이라는 것이다. 덧붙여 길리건에 있어서는—하우크의 비판에 일치해서— 지배 도덕 자체의 비판 및 도덕 개념 자체에 대한 사회 이론적 문제 제기가 결여되어 있다고 본다. 마이호퍼에 따르면, 길리건에 있어 사회 갈등의 개체화와 개인화는 비판되고 있으나, 여전히 항상 궁극적 책임은 전적으로 개개인에 있다. 즉 사회적 관계의 변화는 너무 간단하게 언급되어 있다는 것이다.

마이호퍼는 보편주의와 상대주의 간의 갈등을 일방적으로 어느 한편이 유리하게끔 해결하는 것이 아니라, 소위 역설적 줄타기와 같은 균형을 유지하면서 지탱해 나가야 한다고 주장한다. 이러한 입장을 마이호퍼는 사회 이론적으로 반성된 다원적 보편주의로서 의식적으로 역설적이라고 말하는데, 이 보편적 다원주의는 한편으로 규범을 사회적 · 역사적으로 조건지어진 것으로서 파악하며 이와 함께 다른 도덕 이해들도 동일하게 정당화되는 것으로서 승인할 수 있다. 하지만 다른 한편, 이러한 윤리적 다원주의는 마이호퍼에 따르면 동시에 보편주의적인 것으로 특징지을 수 있는데, 왜냐하면 어떤 특정한 규범에 대한 보편타당성을 주장할 수 없다면, 자신의 규범에 대해서도 보편타당성을 주장할 수 없는 자체 모순에 빠지기 때문이다. 보편적 다원주의는 이러한 사실을 고려에 넣고 있다.

넬 나딩스(Nel Noddings) 역시 여성주의 윤리학의 보편주의와 맥락주의에 대한 물음에서 일종의 중간 입장을 — 물론 배려 윤리학의 관점에서 — 취한다. 나딩스 입장의 핵심은 특수한 행위에 대한 윤리 판단이 아니라, 우리가 어떻게 타자와 도덕적으로 마주치는가라는 물음이다. 나딩스는 보편화 가능성의 이념과 마찬가지로 원칙 윤리학도 거부하지만, 동시에 형식적 보편주의적 관점을 넘어선 하나의 보편성을 강조한다. 이러한 보편성은 배려하는 태도에 기초한다. 나딩스에 의하면 배려하는 관계는 인간 조건에 속하며, 그래서 존재론적으로 근본적인 의미를 갖는다. "윤리학의 기본 요소인 구속성에 대한 지식과 요구, 그리고 배려 이행에 수반되는 기쁨은 윤리적 이상 — 곧 우리가 배려자로서 나름대로 기여하는 것 — 에 대한 우리의 의무를 강화시킨다."[79] 인간 조건의 구성 요소로서 배려의 보편적 특성에도 불구하고 나딩스는 배려가 한계를 갖는다는 것, 보편적 배려는 결코 존재할 수 없다는 것을 명백히 한다. 진정한 배려는 모든 사람에게, 즉 그 배려가 미칠 수 없는 범위에 있는 자들에게까지 관련될 수는 없다는 것이다. 이와 함께 나딩스는 분명히 보편주의 관점으로부터 거리를 둔다.

나딩스에 있어 배려의 본질적 요소는 배려하는 자와 배려받는 자 사이의 관계에 있다. 배려를 받는 자는 나 자신일 수도 있고 내가 만나는 타자일 수도 있다. 후자, 곧 타자에 대한 배려는 배려의 본질적 측면이다. "타자의 현실을 내게 있어서의 가능성으로 받아들이고 이러한 현실을 느끼기 시작하면, 나는 또한 이에 상응하는 행위를 해야 한다는 것도 느낀다. [……] 나는 마치 나 자신의 고유한 관심 속에서 행위하는 것처럼 타자의 관심 속에서 행위하게 된다."[80] 여기서 중요한 것은 고정된 규칙이 아니라 배려하는 태도의 기반인 마음씀과 존중의 감정이다. 이러한 태도는 다시금 수용적이고 응답적인 특성을 갖는다. 타자는 배려하는 자의 베풂에 상응할 수 있고, 실로 그 이상으로 갚을 수 있다. 타자는 그 자신 배려하는 자가 됨으로써 이러한 배풂을 돌려줄 수 있다. 그러므로 콘라디와 달리 나딩스에게 있어 배려 윤리학은 상호 호혜성의 윤리학이기도 하다.[81]

배려의 윤리 모델은 특히 보편주의적 여성 윤리학자들의 신랄한 비판을 받는다. 이러한 비판에 따르면 배려 모델은 여성성과 남성성의 사회적 구성이나 이와 결부된 배제 및 지배 메커니즘을 재생산한다는 것이다. 예컨대 재거는 배려 윤리학에서 감정의 지나친 강조가 "주관적으로 치우쳐서 좋다고 느끼는 상대주의"[82] 혹은 특수 규칙을 내세우는 지엽주의로 귀착될 수 있다고 우려한다. 사라 루시아 호글랜드(Sarah Lucia Hoagland), 프리가 하우크(Frigga Haug), 헤를린데 파우어-스투더 같은 보편주의적 여성 윤리학자들은 배려 윤리학에 의한 보수적 가치의 재생산을 비판한다. 물론 호글랜드에 따르면 — 예를 들어 원칙 윤리학에 대한 비판이나 단순한 규칙 지향으로부터 자연적 감정으로, 특히 배려와 인간관계로 윤리적 관심을 옮긴 것과 같은 — 배려 윤리학의 입각점이 갖는 긍정적인 측면도 있다.

그러므로 호글랜드의 비판은 근본적으로 배려 사상에 대한 것이 아니라, 가령 러딕과 나딩스에 있어 배려적 태도의 패러다임인 모성적 태도에 전제된 이상 같은 일종의 비대칭적인 관계로서의 배려가 일방적으로 실행되는 것을 겨냥한 것이다. 배려하는 관계의 비대칭성은 지배와 억압을 극복하는 것이 아니라 오히려 재생산하는 권력의 차이를 함축한다는 것이다. 호글랜드에 의하면 여성주의 윤리학은 "가치를 지원하고 억압을 문제로 제기하며, 변화를 준비하고 시작해야"[83] 한다. 그 밖에도 호글랜드는 그것이 공적 영역으로부터 물러나서 단지 언급한 사적 영역의 사례에만 관련된다는 나딩스의 관점을 비판한다. "배려는 섬나라의 것일 수 없고, 정치적 현실, 물질적 조건, 세계의 사회구조를 무시할 수 없다. [……] 멀리 떨어진 나라에서 기아 상태에 처한 인간이 도덕적 숙고의 영역에서 함께 논의될 수 없는 그런 윤리학은 부적합하다."[84] 그래서 호글랜드는 낯선 자에 대한 윤리적 태도, 억압의 분석, 변화를 위한 프로그램을 성찰의 중심에 놓는 그런 유형의 배려 윤리학을 지지한다. 호글랜드는 그와 같은 유형의 배려 윤리학을 부권적 가치의 산물인 부정의를 문제삼았던 아마존 여성들의 배려라고 말한다.

하우크 역시 배려 윤리학의 보수적 경향을 비판하면서 "그와 같은 참된 모성애의 고양으로 인해 이미 수세기 동안 여성이 예속되는 대가를 치렀다(고 강조한다). 덧붙여 불평등한 관계를 지속시키는 기획을 하는 것, 불평등을 문제시하고 이를 극복하기 위해 노력하는 것이 아니라 한편의 종속과 다른 편의 우월을 덕의 전개를 위한 지지점으로서 구축하는 것은 문제가 있다."[85]

마지막으로 파우어-스투더는 가령 나딩스에 의해 정식화된 배려 윤리학의 한계를 다음과 같이 분명하게 보여준다. 첫째로 배려와 정의의 대립 설정은 관철될 수 없으며, 둘째로 배려는 단지 가까이 있는 사람과 관련되어 있을 뿐, 멀리 있는 낯선 사람에 대한 태도가 아니며, 셋째로 배려 윤리학은 관습주의적 도덕에 전혀 대립적이지 않을 수 있으며, 넷째로 억압 관계가 여전히 주제화되어 있지 않으며, 다섯째로 상호 호혜성과 평등을 비판하는 배려 윤리학은 권력 관계를 고착시키기 때문에 문제가 있으며, 마지막 여섯째로 배려 윤리학은 배려를 절대적인 것으로 고정시킨다는 점에서 일차원적이다.[86]

이러한 비판에도 불구하고 파우어 스투더는 배려 윤리학의 공헌 또한 언급한다. 그것은 배려와 공감의 도덕적 중요성을 분명히 보여주면서 이를 도덕적 관점으로 특징짓는다. 하지만 양 입장은 파우어-스투더에 의하면 옳음의 이론과 나란히 좋음의 이론도 포함하는 포괄적인 보편주의적 도덕 이론 안으로 통합되는 것이 요구된다. "추구되는 하나의 도덕 이론은 원칙 윤리학과 정서적 덕, 도덕의 종합으로서 보편주의 대 분파주의, 무당파성 대 당파성, 옳음 대 좋음의 이분법을 넘어 나아가게 한다."[87] 하지만 그러한 도덕 이론의 추구는 여성주의 윤리학에서의 보편주의-맥락주의 논쟁의 일차적 주제가 아니고, 소위 보편적인 것으로서 이해되는 도덕 정초의 유형과 방식에 대한 논쟁이다. 이것이 말하는 바는, 여성주의적 윤리 모델이 윤리적 보편주의를 견지할 경우, 필연적으로 정초 방법론의 문제가 제기된다는 것이다. 그리고 여기서 다시금 여성주의 윤리학이 의무론적으로 정초될 수 있는가 아니면 목적론적으로 정초될 수 있는가, 다시 말해 여성주의 윤리학의 관심사가 옳음[정의]인가 아니면 좋음[선]인가에 대한 토론이 시작된다.

정의 혹은 좋은 삶?
여성주의 윤리학의 의무론적 구상과 목적론적 구상

보편주의적으로 정향된 여성주의 윤리학은 종종 의무론적 윤리 전통들, 특히 칸트와 롤즈로 소급해 올라가서 논의를 시작하며 이를 여성주의적으로 재구성하고자 한다. 하지만 의무론적 윤리학들을 엄숙주의적이고 삶에 낯선 것이라고 비판하면서 오히려 목적론적으로 정향하는 보편주의적 여성주의 윤리학들도 있다.

의무론적 구상

여성주의 윤리학 내에서 칸트-수용(Kant-Rezeption)은 우선 첫째로 정언명법과 이에 수반되는 요구, 곧 개개 인간을—특정한 집단, 일정한 계급, 인종, 성별 등의 소속으로부터 독립해서—동등하게 존중해야 한다는 요구를 받아들인다. 이러한 존중의 기초는 정언명법 속에 표현된 무조건적 당위 내지 도덕법칙과 주체의 자율성이다. "인간은 — 남성과 마찬가지로 여성도 — 결정을 내리고 행위할 능력을 행사할 수 있다는 것, 칸트가 표현한 바와 같이, 자신의 목적을 스스로 정립할 수 있다는 것을 주목해야 한다."[88] 이로부터 마찬가지로 평등 이념도 채택된다. 그래서 의무론적 여성주의 윤리학은 흔히 차이의 윤리학이 아니라 평등의 윤리학이다. 마찬가지로 의무론적 윤리학들은 상호 호혜성, 상호 승인의 원칙 및 정의 원칙을 견지한다. 무조건적 당위의 출발점에 맥락성이 빠져 있다고 의무론적 · 보편주의적 윤리학을 비판하는 여성들에 대해 여성 칸트주의자들은 반론을 제기한다.

"그러므로 칸트에 따르면 우리 행위의 도덕적 척도를 이루는 형식적 도덕 법칙은 다음과 같은 것을 검토할 수 있는 방식 — 곧 각각의 구체적인 결정 상황에서 관련 행위에 접하는 모든 이들이 그들 편에서 자유롭게 결정하고 행위할 수 있는 측면이 존중되는지의 여부를 검토할 수 있는 방식 — 으로는 표현될 수 있다."[89] 덧붙여 헤르타 나글-도체칼은 칸트가 의무론의 틀 내에서이긴 하지만 배려의 측면도 함께 고려하고 있다는 점을 지적한다. 거기서 칸트는 사랑의 의무 그리고 다른 사람들을 도와줄 것에 대한 요구, 특히 다른 사람들을 도와서 그들의 행복이 성취될 수 있게 할 요구에 대해서 말한다.[90] 이와 함께 나글-도체칼은 칸트적 유형의 보편주의 윤리학은 개별적 문제들의 고려 없이는 그리고 배려성의 측면들 없이는 전혀 생각할 수 없다는 결론에 이른다. 그래서 그녀는 여성주의적으로 수정된 정의 윤리학을 지지한다.

나글-도체칼처럼 오노라 오네일(Onora O'Neill)도 일차적으로 칸트의 의무론 및 행복에 맞춰진 칸트 지향적 여성주의 윤리학을 제시한다. 한편으로 칸트의 적극적 의무 이론은 타자 존중의 태도 내지 배려와 동일한 의미이고, 다른 한편 그것은 최고선, 곧 행복을 실현시킬 정언명법의 요구를 함축할 뿐 아니라 이미 타자의 행복을 증진시킬 무조건적 의무도 함축한다는 것이다. 이러한 관점은 자율성 사고와의 결합을 통해서 배려 윤리학의 온정주의적 · 보수적 경향을 멀리한다고 한다. 물론 전제는 주체 개념의 확장이다. 여성들도 자율적 주체로서 그리고 남성들에게 있어서와 마찬가지로 정언명법이 타당성을 갖는 도덕적 주체로서 승인되어야 할 것이다.[91]

수잔 몰러 오킨스(Susan Moller Okins)의 의무론적 윤리학이 표준으로 삼는 것은 존 롤즈(John Rawls)의 정의론인데, 왜냐하면 롤즈의 원초 상태 이론은 윤리학에서 경험적 지식의 배제를 찬성하는 롤즈의 의지 표명에도 불구하고, 이타주의적 태도를 포함하기 때문이다. "원초적 상태에 있는 인간으로서 반성한다는 것은 신체 없는 무명인으로 존재한다는 것을 말하는 것이 아니다. [……] 그것은 오히려 각각의 입장, 각각의 '구체적 타자(konkretes Andere)'로부터 사고한다는 것을 의미한다."[92]

이에 반해 롤즈의 일반화된 타자의 입장을 비판해 온 세일라 벤하비브는 – 정의의 보편주의 윤리학에 대해 원칙적으로 찬성하는 가운데 – "권리만이 아니라 욕구도, 정의만이 아니라 좋은 삶의 가능한 형식도 예견적 · 유토피아적 관점 안에 들어갈 수 있게끔 도덕 이론의 대상 영역을 확장"[93]하는 일이 필요하다고 본다. 하지만 벤하비브가 목표로 삼는 이러한 확장은 결코 정의 윤리학과 다른 배려 윤리학이 아니라, 단지 정의의 관점을 좋은 삶의 시각에서 보완한 것일 뿐이다. 파우어-스투더의 도덕 구상도 같은 노선을 목표로 한다. 여기서도 관심사는 보편적 존중과 승인의 도덕을 좋은 삶의 필수조건들을 뜻하는 좋음[선]의 최소 구상으로서의 선 이론과 결합시키는 것이다.

"보편적 존중과 승인의 도덕의 핵심을 이루는 것은 평등으로서의 승인에 바탕하는 모두의 욕구, 관심, 개별적 상황, 안전도[상해 가능성]에 대한 공정한 고려의 이념이다. 이러한 도덕 구상이 실제로 '형식적 보편주의(formaler Universalismus)'에 대한 환상이나 자만에 빠지는 것에서 벗어나려면, 인간의 삶의 질에 있어 결정적인 질료적 관련점을 포함해야 하며, 이를 도덕이란 좋은 삶을 위한 가능성의 조건들을 정식화하고 규범적으로 뒷받침하는 것이라는 이해 속에서 보는 것이 당연하다고 생각된다. 달리 말하면, 보편적 존중의 도덕은 '좋음의 윤리학(Ethik des Guten)'이어야 할 것이다. 왜냐하면 '좋은 삶(gutes Leben)'의 개념에로의 이러한 확장만이 궁극적으로 의무에 맞게 고려된 정서적인 것과 공감 · 배려 · 연대성 같은 가치들과의 결합을 가능하게 하기 때문이다.[94]

좋음의 최소 구상을 위해 보완된 의무론적 윤리학에 대한 파우더-스투더의 소견은 자유주의 윤리학의 전통에 서 있다. 자유주의는 공동체주의 윤리학 측의 신랄한 비판을 받는다. 특히 자유주의의 자율적 주체성 개념, 규칙에 따른 지도 그리고 윤리적 근본 태도로서 좋음과 덕 대신에 옳음에 집중하는 것은 마이클 샌들(Michael Sandel) 혹은 알래스데어 맥킨타이어(Alasdair MacIntyre) 같은 공동체주의자들의 반대에 부딪힌다. 공동체주의는 자유주의에 대항하여 공동체적 유대로 되돌아가고, 좋음을 도덕적 행위의 척도로서 내용적으로 명백히 규정하는 전통으로 되돌아갈 것을 제시하는데, 이것은 다시금 공동체의 도덕적 태도로서 봉사한다.

이에 반해 파우어-스투더는 공동체주의 윤리학들을 여성주의적 관심사와 양립하지 않는다고 비판하는데, 왜냐하면 공동체주의는 결속 · 전통 · 공동체에 대한 선호 속에서 궁극적으로 보수적 입장을 주장하기 때문이다. "공동체주의자들이 공동체성과 공동 기획으로 특징지어지는 공동체적 삶을 칭송하는 가운데 전적으로 간과하고 있는 것은, 자유주의적 정의라는 기본 자산 없이 공공 복지와 공동 선을 내세우는 것, 자신을 위해 취한 보수주의의 문제점, 그리고 전근대적 사고로의 후퇴가, 가령 다르게 사고하는 자나 소수자의 배제 같이 철저히 정치적 위험을 내포한다는 사실이다."[95]

공동체주의자들에게 있어 전통으로부터 거리를 취하는 것이나 전통을 비판하는 것은 불가능할 것이다. 하지만 현대인에게 있어, 바로 남녀 평등을 주장하는 여성들에게 있어 대대로 전해 오는 속박과 삶의 방식으로부터 거리를 취하는 것 그리고 자기 목표를 스스로 선택하는 것이 전형적이라 하겠다.[96] 덧붙여 강한 선 이론을 포함하는 공동체주의는 반자유주의적으로 될 위험이 있으며 또한 어떻게 인간이 살아야 하는지, 인간에게 지시할 위험이 있다.

공동체주의에 반대해서 파우어-스투더는 자유주의 전통과 양립하는 좋음의 최소 구상을 선호한다. 도덕적 좋음은 핵심 영역을 한정하고, 좋음의 규정을 수정하고 비판할 수 있어야 한다는 것이다.[97] 동일한 것은 덕의 개념에 대해서도 타당할 것이다. 덕의 개념도 도덕 태도 및 관점의 핵심 영역에 국한되어야 한다고 본다. "덕은, 그것이 도덕을 위한 보편성의 구성적 요소로서 알맞은 한에서만, 도덕적인 것으로 생각될 수 있다."[98] 파우어-스투더에 따르면 개개인이 성공적으로 잘사는 삶을 이끌 수 있기 위해서 충족시켜야만 하는 일정한 조건들 ― 모든 인간이 공통적으로 경험하는 상해 가능성과 감수능력에 기초하는 조건들 ― 이 여기에 속한다. 하지만 파우어-스투더는 정확히 어떤 조건들이 중요한지에 대해서는 열어놓고 있다. 여기서 그녀는 행복은 항상 주관적으로 규정되는 것이고 바로 현대의 조건들 아래서 보편화될 수 없기 때문에, 좋음은 결코 행복과 일치하지 않는다고 강조한다. 좋음의 최소 구상은 단지 일반적으로 개인의 행복에 대한 직관적 전제들만 주제화한다는 것이다.[99]

목적론적 구상

특히 배려-여성 윤리학자들은 의무론적 윤리학을 비판한다. 이들에 따르면 의무론적 윤리학은 배려의 측면을 주변화한다는 것이다. 여기서 이들은 상호 호혜성의 원칙에 대해서도 이의를 제기하는 한편, 가령 배려하는 자와 배려받는 자 혹은 우정 관계 속에서 표현되는 것 같은 비대칭적 관계에 주목한다. 이러한 배려 윤리학들은 목적론적 입장을 취할 수 있다. 그러나 의무론적 입장도 목적론적 입장도 취하지 않으려는 배려 윤리학의 사례들도 있다. 그래서 엘리자베스 콘라디는 아리스토텔레스적으로 동기화된 배려 윤리학에 대해서 명시적으로 반대하면서 목적론적 윤리학으로부터 거리를 둔 배려 윤리학을 탐색한다. 배려는 태도 내지 관점이 아니며, 보편적 목표 내지 일반적인 좋은 삶도 알지 못한다는 것이다.[100]

이에 반해 아네트 C. 바이어(Annette C. Baier)와 같은 다른 배려-여성 윤리학자들은 덕의 개념에 관한 배려 윤리학을 목적론적으로 정향된 아리스토텔레스적 기원의 윤리학 내에 정렬시키면서 의무론적 윤리학 전통으로부터 거리를 둔다. 바이어는 그녀가 정의의 자유주의적 도덕으로 일컫는 것에 대해서 첫째로 그것의 가부장적 · 엘리트적 기원, 둘째로 불평등한 관계에 대한 부주의 내지 평등으로 그럴싸하게 꾸밈, 셋째로 선택의 자유에 대한 지나친 강조를 비판한다. "하나의 공동체의 실질적 구성원들 내에서의 평등은 부분적으로 하나의 신화라는 것 그리고 마치 모두를 평등하게 대우하는 것이 바람직한 것이 아님을 보여줌으로써 우리는 또 하나의 다른 신화 — 즉 도덕적 의무는 동등한 자들간에 자유로이 선택된 유대에서 생긴다는 신화 — 의 정체를 폭로한다."[101] 그러므로 바이어는 다른 배려-여성 윤리학자들과 마찬가지로 호혜성 및 평등의 사고를 비판한다. 그녀가 기억하는 바는

"우리가 속한 첫 번째 사회는 양친(혹은 후견인)과 자녀들의 작은 사회이다. 그 속에서 우리는 두 가지 사실을 발견한다. 곧, 비슷해진 평등 관계 그리고 불평등 관계."[102]

이 사회에서는 또한 감정에 특별한 의미 – 자유주의 도덕에 의해서 배제된 의미 – 가 부여된다고 한다. 그러므로 바이어에 따르면 배려 윤리학을 정식화하는 것이 필요한데, 여기에 여성주의 윤리학자들이 전수받을 수 있는 전적으로 철학적인 전통들이 있는바, 곧 아리스토텔레스의 덕 이론과 데이비드 흄(David Hume)의 도덕 이론이다. 바이어는 흄의 윤리학과 여성주의 지향의 윤리학 사이의 공통성이 무엇보다도 감정의 역할, 특히 공감의 역할과 사랑과 배려의 의미에 있다고 본다. "도덕성의 이해를 위해서 인간의 이성과 마찬가지로 인간의 마음이 필요하며, 마음의 응답은 추상적 정의의 보편적 원리가 아니라 특정한 인간에게 향한다."[103] 덧붙여 흄에 있어서도 가령 부모-자식 관계 같은 불평등한 관계의 고려가 핵심이다.[104] 그리고 마지막으로 흄은 결코 – 바이어가 보기에 문제가 있다고 판단되는 – 자율성의 윤리학을 정식화하지 않는다는 것이다.

"흄은 도덕철학 및 사회철학이 자율성 이념에 사로잡히기 이전의 시대에 살았고 오히려 루소가 이 자율성 이념에 점령당

했지만, 정치적 의무의 계약 개념에 대한 공격과 가정 내에서의 상호 결속의 소여성에 대한 분명한 지각, 나아가 타자의 기쁨과 고통을 우리의 기쁨과 고통이 되게 하는 능력 및 감정을 '보호(Unterstützung)'하려는 우리 욕구의 강조, 그리고 아무리 인간의 심리학과 인간 조건이 이러한 이해를 풍부하게 한다 해도 피할 수 없는 상호간의 상처 가능성의 강조는 흄에게 있어 자율성을 결코 하나의 이상으로 여기지 않게 한다." [105]

그러므로 흄은 그 자신의 도덕 인식에 있어 '정말 대단히 여성적(geradezu umheimlich weiblich)'[106]임이 밝혀진다는 것이다. 바이어와 비슷한 노선에서 버지니아 헬드(Virginia Held)는 다음과 같이 논증한다. 자율성과 상호 호혜성 내지 평등이 아니라 관계망 속으로의 자아의 편입 및 관계의 비대칭성이 여성주의 윤리학의 출발점인바, 그 이유는 자율성 이념은 남성 시민의 자유에 정향되어 있고 가령 부모-자녀 관계 같은 비대칭적 관계의 상호 호혜성 이념을 고려하고 있지 않기 때문이라는 것이다.[107]

한편 로레인 코드(Lorraine Code)와 마릴린 프리드먼(Marilyn Friedman)에게서 다른 아리스토텔레스-수용(Aristotels-Rezeption)이 발견된다. 코드는 여성들간의 관계가 윤리적 패러다임으로 간주되는 '여성들간의 우정(Freundinnenschaft)'의 윤리학을 기초한다. 하지만 코드는 가령 배려-여성 윤리학자들 혹은 '모성적 사유(mütterliches Denken)'의 여성 지지자들과 달리 이러한 관계의 상호 호혜성과 평등을 강조하며 비대칭적 관계의 선호를 비판한다. 마찬가지로 그녀는 일정한 태도와 사유 방식을 소위 '모성적(mütterliches)' 사유 및 행동과 동일시하는 것에 대해서도 이의를 제기한다. 코드에 따르면, 모든 여성이 어머니는 아니다. 개별적 삶의 방식은 허용되지 않는 식으로 보편화되고 여기서 전통적 역할은 영속될 것이다.

반면 '여성들간의 우정'은 — 코드에 따르면 — 개인적 · 사회적 행위의 패러다임으로 생각될 수 있는데, 왜냐하면 이러한 관계 모형은 보편화가 가능하고, 상호 호혜적인 관계이기 때문이다. 여성 친구들은 서로서로 책임을 떠맡고 서로에 대해 책임지며, 그때그때 타인을 배려하는데, 여기서 배려하는 자와 배려받는 자 간의 입장은 바뀔 수 있다. 그러므로 관계의 상호성은 우정 관계에 있어 결정적이다. 코드의 윤리학은 규범과 의무보다는 오히려 좋은 삶의 실현을 이끄는 태도가 중심이 되는 한에서 아리스토텔레스적이다.[108] 또한 아리스토텔레스처럼 코드는 '여성들간의 우정'이라는 덕을 포함하는 — 여성주의적으로 첨예화된 — 덕 윤리학을 중심에 놓는다. 아울러 코드는 『니코마코스 윤리학 *Nikomachische*

Ethik』에서 덕으로서의 우정에 대한 아리스토텔레스 성찰을 수용한다는 점에서 아리스토텔레스적이다.

코드와 마찬가지로 프리드먼에 있어서도 '여성들간의 우정'은 여성주의적 윤리 구상의 기초이다. 코드처럼 프리드먼도 우정 관계를 상호적이고 대칭적인 관계로 이해한다. 그리고 코드처럼 아리스토텔레스적인 공명이 있는데, 특히 윤리 판단에 있어 경험의 중요성을 강조하는 점에서 그러하다. 이러한 맥락에서 그녀 역시 관계의 다양성 속으로의 개인의 편입을 강조하고 — 공동체주의와 마찬가지로 — 유대 없는 자아 표상을 비판한다.[109] 하지만 프리드먼은 아리스토텔레스-수용에도 불구하고 신아리스토텔레스적인 것으로 일컬어지는 공동체주의를 여성주의 이론에서 위험한 길로 비판한다.[110]

이에 반해 에이미 굿맨(Amy Gutmann)과 아네트 C. 바이어(Annette C. Baier)는 공동체주의적 관심사에 마음이 열려 있다. 굿맨에 따르면 공동체주의는 가령 공동체적 연대의 의미, 우정 관계, 공감의 감정 혹은 좋은 삶의 내용적 규정의 추구 같은, 자유주의 안에서는 결코 고려될 수 없는 가치들을 지지한다. 그녀는 이러한 가치들이 여성주의 윤리학에 있어서도 의미심장하다고 본다.[111] 바이어에 따르면 배려 및 감정의 윤리학을 공동체주의적 관점과 결합시키는 것이 가능

하다.[112]

그런가 하면 명시적으로 보편주의적인 목적론적 윤리학의 모델, 특히 아리스토텔레스적 방향의 여성주의적 재개 및 수정으로 이해되는 여성주의 윤리학의 모델도 있다. 마사 누스바움(Martha Nussbaum)은 여성주의적 아리스토텔레스주의의 가장 잘 알려진 관점을 정식화하였다. 누스바움은 자신의 윤리학 모델을 아리스토텔레스적 사회민주주의 내지 자유주의적 아리스토텔레스주의라고 표현하면서 그녀가 아리스토텔레스 윤리학에서 출발하여 이를 자유주의와 중재하고 또한 결합하고자 한다는 것을 — 공동체주의적으로 동기화된 아리스토텔레스 수용에 단호히 반대해서 — 분명히한다. 여기서 그녀는 포괄적 도덕 이론에 대해서 회의적 입장을 취하는 여성주의 윤리학에 대해서도 이의를 제기한다. "있을 수 있는 온갖 유혹으로 인해 올바른 판단력이 흐려지게 될 만큼 도덕적 지각이 훼손된 세계에서, 우리 자신으로부터 최선을 이끌어내고, 우리 사회에 결핍된 것을 밝혀내며, 적절하게 제도화된 그리고 교육과정의 기획을 통한 개선책을 마련하기 위해서, 우리는 분명하고 명확히 표현된 공식화에 전력을 다하려는 자세가 필요하다."[113] 누스바움의 통찰을 이끄는 것은, 모든 사람은 최상의 의도에도 불구하고 가령 영리 욕구나 권력욕 혹은 정복욕 같은 비도덕적 경향에 종속된다는 것, 그래서 타자의 존엄을 해칠 위험이 있다는 것이다. 그래서 누스바움은 인지론적 · 합리적으로 정향된 그리고 보편주의적인 윤리학 이해를 지지하며, 여기서 도덕 이론의 과제를 다음과 같이 정의한다.

> "도덕 이론의 적절한 이해가 말하는 바는, 중요한 것은 일련의 명시적이고 체계적으로 형식화된 근거들과 상호 연관된 논증들로, 이것들은 어느 정도 추상성과 보편성을 나타내고 있으며, 이와 함께 윤리적 실천을 위한 참고가 된다는 것이다. 내가 여기서 목표로 삼는 이론-기준들은 다음의 여섯 가지이다. 1. 도덕 이론은 실천적 문제를 고려하여 추천한다. [……] 2. 도덕 이론은 어떻게 신념 · 규칙 · 원칙의 정당성이 검토될 수 있는지 보여준다. [……] 3. 도덕 이론은 신념을 체계화하고 이를 새로운 사례에 적용한다. [……] 4. 도덕 이론은 어느 정도 추상성과 보편성을 갖는다. [……] 5. 도덕 이론은 보편화가 가능하다. [……] 6. 도덕 이론은 명시적이다. [……]"[114]

누스바움은 자신의 고유한 도덕 이론을 "아주 막연한 인간 구상(stark vage Konzeption des Menschen), 아주 막연한 좋음[선]의 구상(stark vage Konzeption des Guten)"[115]이라고 표현한다. 여기서 그녀는 한편으로 윤리학이 – 족히 아리스토텔레스적으로 — 인간학적 반성에 뿌리내리고 있으며, 일차적으로 좋은 삶의 윤리학이라는 것을 명백히 한다. 그러나 다른 한편 인간의 본질을 정의하고자 하고 이로부터 모두에게 구속력 있는 좋음의 내용 규정을 도출하는 본질주의적 관점으로부터 거리를 둔다. 누스바움의 관심사는 실체 존재론적 본질 형이상학이 아니라 오히려 인간 실존의 근본 방식에 대한 기술로, 우리는 이를 인간 존재가 보편적으로 규정되는 근본적 실존 범주의 기술이라고 말할 수 있을 것이다. 이와 함께 누스바움은 인간 존재의 보편적 개념을 견지하며, 인간 존재의 보편적 개념에 대한 차이 이론적 비판을 거부한다. 인간 실존의 근본 방식으로부터 다시금 윤리적인 것으로서 평가될 수 있는 기본 태도와 행위가 나올 수 있다.

누스바움에 의해서 비형이상학적인 것으로 표현된 이러한 좋음의 윤리학을 그녀는 가령 칸트 혹은 롤즈 기원의 자유주의와 결합시키고자 한다. 이것이 의미하는 것은, 한편으로 좋음이 인간의 삶을 좋은, 성공적으로 잘사는 삶으로 만드는 핵심 영역을 포괄하는 한, 좋음은 내용적으로 규정될 수 있다. 그러나 다른 한편 이러한 좋음의 구상은 누스바움에 따르면 동시에 막연한 것이어서 구체적인 면에 있어서 많은 상세 목록을 허용하며, 따라서 단지 좋은 삶의 윤곽을 제시할 뿐이다. "이 이념은 인간으로서 세계 속에서 사는 것이 의미하는 바에 대한 막연한 표상을 우리가 공유한다는 것, 그리고 '보다 높은(höhere)' 혹은 '보다 낮은(niedere)' 영역으로 넘어감은 우리를 더 이상 결코 인간 존재가 아닌, [……] 더 이상 우리 자신이 아닌 존재로 만들어 버리게 될 것이라는 것이다."[116] 그렇지 않다면 현대의 큰 공적, 개인 자유의 승인은 서서히 약화될 것이다.

이 이념은 아리스토텔레스주의에 낯설었던, 하지만 그 속에 등기되어 있음에 틀림없는 것으로서, 아리스토텔레스주의를 현대 및 자유주의 전통에 중재시키기 위한, 하나의 이념이다. "[……] 여기가 아리스토텔레스주의에 있어 전적으로 손대지 않은 채로 있는 지점이다. 곧, 근본에 놓여 있는 권리와 자유의 이념. 아리스토텔레스는 개인의 삶에 대한 국가적 개입의 어떤 한계에 관한 구상을 갖고 있지 않다."[117] 그러므로 아주 막연한 좋음의 구상은, 좋음의 규정 및 성공적으로 잘사는 삶의 규정에 대해서도 인간의 결정 능력과 선택의 자유를 승인한다. 그럼에도 불구하고, 누스바움에 따르면, 좋음의 보편적 틀 내에서의 좋음에 대한 이러한 주관적 규정은 인간 실존 방식의 규정에서 나오는 좋은 삶의 보편적 윤곽에서 생긴다.

이것에 덧붙여서 누스바움은(그녀가 좋은 삶의 윤리학의 아주 막연한 구상의 A차원이라고 표현하는) 인간 존재의 구성 조건들을 포함한 하나의 목록을 발전시켰는데, 그것에 의거해서 인간의 삶의 방식의 근본 구조가 특징지어질 수 있다는 것이다. 여기에 속하는 것으로 사멸성, 먹고 마시는 것에 대한 욕구, 보호에 대한 욕구, 성적 갈망, 이동성, 기쁨과 고통을 체험할 능력, 지각 · 표상 · 사고의 인지적 능력, 초기 유년기의 발달, 실천 이성, 다른 인간과 비인간의 생명 존재 및 자연과의 유대, 유머와 놀이, 떨어져 있음과 철저하게 떨어져 있음 — '떨어져 있음(Getrenntsein)'을 통해 누스바움은 개개인의 개별성을 표현하는데, 이러한 떨어져 있음은 여러 사회에서 적극적으로 허용되고 권장된다 — 등이 있다. 누스바움은 자신의 목록을 열린 목록으로 이해한다. 그러므로 많은 것이 부가될 수 있고, 또한 제거될 수 있다.[118] 이러한 목록에 의거해서 누스바움은 더 나아가 윤리적으로 중요한, 다시 말해 성공적으로 잘사는 삶의 방식을 위해 의미 있는 인간의 기본 능력을 상세히 설명한다. 그러한 기본 능력은 다음과 같다.

> "1. 죽음에 이를 때까지 풍부한 인간의 삶을 이끌 능력, 곧 평균 수명보다 빨리 죽지 않을 능력, 혹은 생명이 더 이상 생명의 가치가 없을 만큼 그 가치가 내려가기 전에는 죽지 않을 능력.

2. 좋은 건강을 즐길 능력, 곧 알맞게 영양을 섭취할 능력, 적당한 주거지를 가질 능력, 성적 만족의 기회를 가질 가능성, 한 장소로부터 다른 장소로 자유로이 이동할 수 있는 가능성.
3. 불필요한 고통을 줄이고 충만한 기쁨을 체험할 능력.
4. 오감을 사용하고, 무엇인가 생각하고 사고하고 판단할 능력.
5. 우리 자신 밖의 사물 및 사람과 유대를 가질 능력, 우리를 사랑하고 우리에 대해 염려하는 이들을 사랑할 능력 그리고 그들의 부재를 슬퍼할 능력. 일반적으로 말해서, 사랑하고, 슬퍼하고, 동경하고 감사함을 느낄 능력.
6. 좋음에 대해 표상할 수 있고 자신의 삶의 계획에 대해 비판적 성찰을 수행할 능력.
7. 다른 사람을 위해서 그리고 다른 사람과 관계맺고 살 능력, 다른 사람들과의 유대를 인식하고 표현할 능력, 가족적 결속과 사회적 결속의 다양한 형식을 받아들일 능력.
8. 동물 · 식물 및 전 자연과의 유대 속에서 살고 조심스럽게 돌보며 그것들과 관계맺고 살 능력.
9. 웃고, 놀고, 체력 회복에 도움이 되는 여가 활동을 즐길 수 있는 능력.
10. 누군가 다른 사람에 의한 삶이 아니라 자기 자신의 삶을

살 능력.

10a. 자신의 고유한 환경과 자신의 고유한 맥락 속에서 자기 자신의 삶을 살 능력." [119]

누스바움은 이를 좋음[선]의 최소 이론이라 부른다. 그것은 사회 안에서 좋은 공동 삶을 가능하게 하는 정의 개념과 양립가능하다. 국가의 과제는 모든 남녀 시민들에게 이와 같은 좋은 삶을 가능케 하는 기본 조건, 모든 남녀 시민이 성공적으로 잘사는 고유한 삶의 방식의 구상을 실현시킬 수 있는 기본 조건을 마련하는 것이다. 이것은 단순히 잘 알려진 시민 기본권 및 자유만이 아니라, 포괄적인 사회적 권리 및 생태학적 권리도 포함한다.

"필요한 것은 광범위한 건강 체계, 건강에 좋은 공기와 물, 생명과 소유의 안전성 그리고 의료적 치료의 중요 측면과 관련 시민들의 선택의 자유를 보호하는 것이다. 필요한 것은 충분한 영양 섭취와 적절한 주거지이고, 시민들이 영양 섭취와 주거지를 자신의 고유한 실천 이성에 따라 결정할 수 있게끔 이러한 것들이 마련되는 것이다. [……] 필요한 것은 폭력적 공격으로부터의 보호 그리고 그 밖의 감소가능한 고통으로부터의 보호일 것이다. [……] 실천적 이유들로 해서 인도주의 형식의 교육을 권장하는 기관들이 필요할 것이고, 시민의 선택의 자유가 모든 영역에서, 정치적 개념 자체의 완성에 있어서도 보장되어야 할 것이다."[120]

누스바움은 이러한 아주 막연한 좋음의 구상이 그때그때의 문화적 조건들에 의존하는 상세한 내역을 허용하기 때문에 다원주의와 선택의 자유에 대해서 열려 있다고 주장한다. 또한 그것은 인간의 이성에 넓은 활동 공간을 열어 준다. 왜냐하면 바로 아리스토텔레스가 '프로네시스(phronesis)'라고 표현한 도덕적 통찰의 능력, 다시 말해 윤리 판단을 내릴 수 있는 능력은 맥락적이고 모든 행위와 판단의 구체적 상황을 고려하기 때문이다. 동시에 그것은 전통에 대해서 비판적인데, 여기서 이러한 비판의 척도는 좋음의 구상이다. 누스바움에 따르면 이를 통해서 자유주의적 아리스토텔레스주의는 공동체주의 윤리학 및 좋음을 내용적으로 완전히 규정하거나 정해진 전통에 결합시키는 보수주의의 형식들과도 구별된다.

마찬가지로 누스바움은 — 가령 공동체주의자인 알래스데어 맥킨타이어처럼 — 아리스토텔레스적 덕 이론의 재구성을 주장하지만 덕을 관습주의적 · 전통 지향적으로 규정하는 윤리 이론을 거부한다. 전통적인 자유주의 이론들과의 결정적 차이는 좋음의 우선권 승인 및 인간 행위의 물질적 · 사회적 조건들의 의미에 놓여 있다. 이러한 구상의 이성 중심성이 동시에 함축하는 바는, 사회적 조건의 고려가 오로지 물질적 성취의 보증 속에서 충족된다고 보는 관점에 대한 비판이다. "그러므로 국가의 핵심 과제는 모든 인간에게 풍요로운 인간의 삶—곧, 이성에 알맞게 본질적 활동을 행하는 것이 가능한 삶—의 조건들을 제공하는 데 있다. 그것은 인간에게 그저 음식물을 제공하거나 인간을 가축처럼 방목장에 내버려두는 것을 의미하지 않는다. 그것은 인간에게 자신의 고유한 이성의 도움으로 음식물 공급을 가능하게 하는 것을 의미한다."[121]

이러한 좋은 삶의 윤리학은 감정에 대해서 윤리 판단 형성을 위한 핵심적 위상을 인정하며, 감정을 이성의 부분으로 이해한다고 누스바움은 강조한다. 감정은 결코 조야하고 맹목적인 것이 아니라 평가하는 지각의 지적 형식으로, 이 지각은 확신과 동일하거나 혹은 긴밀히 관련되어 있다.[122] 이렇게 누스바움은 감정의 도덕적 중요성을 강조하는 만큼 그녀는 감정을 소위 여성적 본성과 동일시하는 것을 비판한다. 감정은 결코 성별에 입각한 것이 아니라 모든 인간에게 걸맞은 것이다. 경우에 따라서 그것은 사회적 조건의 영향을 받으며, 이와 함께 사회적으로 내포된 성별 표상에 의해서도 영향받는다. 감정이 그러한 구성에 종속되기 때문에 감정은 성별과 관련된 구성에 의해서도 특징지어진다.[123] 그러므로 누스바움에 따르면 배려의 태도를 진정한 여성적 태도로서 특징짓는 배려 윤리학 역시 개연성이 없으며 따라서 거부되어야 한다.

누스바움의 자유주의적 아리스토텔레스주의는 한편으로 목적론적으로 정향된, 그러나 다른 한편으로 공동체주의적이지 않은 여성주의적 윤리 구상의 한 예이다. 누스바움은 이러한 자유주의적 아리스토텔레스주의를 그녀가 국제주의적 · 인본주의적 · 자유주의적이라고 표현한, 그리고 한편으로는 선호와 소망의 사회적 각인이, 다른 한편으로는 공감적 이해가 중요시되는 여성주의와 결합시킨다. "자유주의는 모든 인간이 목적 충족의 수단으로서가 아니라 그 자체 목적으로 간주되어야 한다는 것을 타당하게 한다. 너무도 흔히 여성들이 자신의 행위 능력의 주창자로서 그리고 고유 가치를 지닌 존재로서 생각되는 것이 아니라 그저 출산 능력이 있는 여성, 배려하는 여성으로만 생각된다는 것을 고려할 때, 이러한 입장을 자신의 것으로 취하는 것은 여성들에게 매우 현명한 것이다. 개인에 대한 이러한 규범적 관심은 배려 및 사랑에 대한 높은 평가와 완전히 조화될 수 있다. [……]"[124]

마찬가지로 누스바움은 자유주의적 평등 이념과 보편적

인간 개념을 거부하는 관점들을 비판한다. "모든 인간이 지배에 대한 요구를 내세우는 도덕적 인격의 핵심을 갖추고 있다는 생각은 여성 평등의 요구를 관철시키기 위해서 그리고 변화를 뒷받침하는 논거를 제시하기 위해서, 이 급변하는 세계의 여성들에게 전적으로 필요한 사고이다. [……] 여성주의는 인간의 핵심에 대한 보편적 개념을 사용해야 하는바, 여기서 이러한 핵심이 다양한 시대에 그리고 다양한 장소에서 다양하게 자리잡아 왔고 또한 형성되어 왔다는 것을 고려하는 가운데 사용해야 한다."[125]

역으로 누스바움은 자유주의 또한 여성주의로부터 그 어떤 것—곧, 현실에 일치하지 않는 조화로 특징짓는 가족 이상에 대한 비판, 그리고 가정도—개인을 보호하기 위한 국가 개입이 전적으로 정당화되는 정치적인 장소라는 이해를 거부하는 것에 대한 비판을 배울 수 있다는 점을 강조한다.

파우어 스투더 혹은 나글-도체칼같이 보다 의무론적으로 논증하는 여성 윤리학자들도, 또한 누스바움과 같이 여성 아리스토텔레스주의자들도 여성주의 윤리학 내부에서, 특히 자유주의적 여성주의의 형식적 평등 주장에 대해서 성차 이론으로 표현되는 하나의 사고를 대립시키는 여성 이론가들에 의해서 신랄하게 비판받았다. '평등 혹은 차이(Gleichheit oder Differenz)'를 둘러싼 이러한 여성주의적 · 철학적 논쟁은 여성주의적 윤리 토론에서 소위 '여성 도덕(weibliche Moral)'이라 일컬어지는 것을 둘러싼 논쟁과 결부되었다— 오랜 기간 여성주의 윤리학의 초점이었던 토론, 심지어 왕왕 여성주의 윤리학의 가능성에 관한 토론과 동일시되었던 논쟁. 적지 않은 여성 철학자들과 철학자들이, 여성주의적으로 정향되어 있든 혹은 그렇지 않든, 여성주의 윤리학을 '여성 도덕'과 동일시하였다.

평등의 윤리학 혹은 성차의 윤리학?
'여성 도덕'을 둘러싼 논쟁

'여성 도덕'에 관한 토론의 계기는 여성의 도덕 발달에 대한 캐롤 길리건(Carol Gilligan)의 테제였다.[126] 길리건에 따르면 도덕적 감정과 판단은 결코 절대적으로 주어져 있는 것이 아니라 이미 초기 유년기 이래로 관계 모형의 결과이다. "정서적 결합의 맥락 속에서 아동은 인간 상호작용의 본보기를 발견하고 인간이 서로를 위해 거기 있고 서로간에 상처입히는 형식들을 관찰한다."[127] 길리건에 의하면 여기서 최소한 두 가지 상이한 도덕적 관점 내지 태도가 분명한 형태로 등장한다. 곧, 정의의 관점과 배려의 관점. 양자는 다시금 두 가지 상이한 유년기의 경험인 불평등의 경험과 고독의 경험에 근거를 두고 있다. 불평등과 억압의 경험은 평등과 정의에 대한 동경 및 수치와 죄책감을 불러일으킨다. 고독의 경험은 정서적 결합, 보호와 배려에 대한 동경 및 이에 상응하는 사랑과 슬픔의 감정을 일깨운다. "모든 사람은 억압과 고독에 마주칠 수 있기 때문에 인간의 경험에서 어디서나 두 가지 도덕적 관점이 존재한다 – 정의의 관점과 배려의 관점. 타인에게 부당하게 행동하지 않는 그리고 힘든 처지에 놓여 있는 사람을 못 본 체하지 않는 두 가지 도덕 명령은 이러한 양관점에 상응한다."[128] 억압으로부터의 보호와 자율성 이념이 정의 윤리학의 중심에 놓여 있다면, 배려 윤리학은 고독, 도움이 없음 혹은 고립으로부터의 보호로 이루어진다.

길리건의 목표는 두 가지 도덕적 태도의 등가치를 표현하는 것이며, 다른 관점을 위해서 결코 어떠한 관점도 등한시하지 않는 것이다. 길리건에 따르면 철학적 전통과 심리학적 전통은 윤리학을 정의 윤리학으로 환원시키며 배려 윤리학은 정의 윤리학에 부속되거나 완전히 부정된다. 윤리학의 이러한 환원의 명시적 예로서 그녀는 로렌스 콜버그(Lawrence Kohlberg, 1927-1987)의 도덕 발달의 단계 모델을 언급한다. 미국의 사회심리학자이자 교육학자인 콜버그는 도덕 발달을 6단계로 구분하였다. 1단계(복종과 체벌)는 2단계(이기주의적 · 도구적 정향)와 함께 전인습적 도덕의 단계를 이룬다. 3단계(타인에게 인정받고 싶은 욕구) 및 4단계(법 위반에 대한 제재 조치의 두려움에서 나온 규칙 일치)는 인습적 도덕의 차원과 일치하며, 5단계(유용성 원리)와 6단계(보편타당한 원리에의 정향)는 후인습적 도덕의 형식으로, 여기서 6단계는 도덕적 성숙의 최고 형식으로 간주될 수 있다.[129]

길리건은 윤리학에서 배려의 관점이 배제된 이유를 단순히 그저 일면적 관점이 가져다준 것으로만 보는 것이 아니라 경험 연구 방식의 결함에서 나온 것으로 본다. 어느 쪽이든 관심사는 순전히 남성을 대상으로 한 표본조사로, 이 때 남성 중심적 시각에서 인간의 도덕 발달은 남성의 도덕 발달과 동일시된다. 소녀들과 여성들은 이러한 남성 도덕 발달의 척도에 따라 측정되는데, 이 경우에—콜버그에 있어서처럼—이들은 순전히 인습적으로 정향된 도덕 단계에—3단계에—뒤처져 있다. 여기서 남성들에게 맞게끔 재단된 경험 연구는 정의 지향적 윤리학에 상응한다. 현대 발달심리학의 창시자인 장 피아제(Jean Piaget, 1896-1980)는 콜버그처럼 윤리학이 정의 윤리학과 동격이라는 것에서 출발한다. 배려 윤리학은 정의 윤리학에 흡수되고 통합되며, 이러한 전제는 남성 도덕 발달에 대한 집중에서 확인된다. 길리건에 의하면 이로부터 단순히 피아제와 콜버그의 남성 중심주의만 인식될 수 있는 것이 아니라, 무엇보다도 두 가지 도덕적 태도 경향과 성차와의 결합이 인식될 수 있다. 길리건에 따르면 남성들은 정의 관점의 경향이 있고, 여성들은 배려 관점의 경향이 있다. 그러므로 길리건은, 콜버그에 있어서 이중의 배제, 한편으로는 배려의 배제와 다른 한편으로는 길리건이 여성 도덕 발달을 이끄는 '다른 목소리(andere Stimme)'라고 일컬은 것의 배제가 발견된다고 한다.

도덕적 태도 경향과 성차의 결합은 도덕 판단의 사회적 차원에 대한 길리건의 가정의 결과이다. 왜냐하면 한편으로 길리건에 있어서 도덕적 감정과 판단은 칸트에게서와는 달리 결코 자율적 이성이 아니라, 오히려 초기 유년기의 맥락적 경험과 관계의 결과이고, 그러한 경험과 관계는 다른 한편 항상 이미 성차의 사실을 내포하기 때문에, 성차는 도덕 발달에도 영향을 미친다는 것이다. "생물학적 성, 성별의 심리학, 남성적 그리고 여성적 태도를 규정하는 문화적 규범들과 가치들이 평등 및 정서적 결합 경험에 영향을 미치는 범위 안에서 이러한 요소들은 아마도 도덕 발달에 영향을 미칠 것이다."[130] 길리건은 여기서 특히 소녀와 소년의 상이한 자아발달에 관한 낸시 초도로우(Nancy Chodorow)의 이론에 의지한다.[131] 하지만 길리건에 있어 여성 도덕의 '다른 목소리'의 존재는 "한 성이 도덕적으로 훨씬 우월하다" 거나 혹은 "도덕적 태도가 생물학적으로 고정되어"[132] 있다는 것을 의미하지 않는다.

배려 윤리학이 모든 여성에게 특징적인 것도 아니고 남성에게 배려 능력이 없는 것도 아니다. 양 성은 두 가지 도덕적 태도를 인식하지만 이 두 가지 도덕적 관점은 초기 유년기의 발달 안에 자리잡고 있다. 길리건에 의하면 그러나 다양한 사회화 과정을 통해서 여성은 오히려 남성보다 배려 윤리학의 경향이 있다. 여성과 남성에 있어 양 태도의 구체적 각인은 "다양한 사회경제적 · 교육적 · 문화적 맥락 안에 뿌리박고"[133] 있다. 그러므로 남성적 정의 윤리학과 여성적 배려 윤리학이라는 두 가지 도덕적 태도의 테제는 결코 생물학적 결정주의와는 아무 상관이 없다.

길리건처럼 성차 이론의 가장 잘 알려진 여성 지지자인 뤼스 이리가라이(Luce Irigaray) 역시 더 이상 양보할 수 없는 사실인 성차와 윤리학에 있어서 성차의 의미에서 출발한다. 자크 라캉(Jacques Lacan)의 제자인 이리가라이는 자신의 성차 이론에서 한편으로는 라캉의 정신분석학 이론의 토대를 수용하지만, 동시에 그녀가 '남근 중심주의(Phallozentrismus)'라 일컬은 그것의 남성 중심주의를 비판한다. "라캉은 인간 주체를 항상 남성 주체로 생각하는데, 여기서 남근은 남성의 욕망을 상징하는바, 그것은 다시금 상징 질서 안에 등록 내지는 거꾸로 그러한 상징 질서를 통해서 규정되고 구조화되기 때문이다.[134] 그러나 남성만 남근과 동일시될 수 있고 남근적 아버지의 상징 질서에 편입될 수 있다. 반면 여성은 — 이미 프로이트에 있어서처럼 — 결핍 존재로 해석되고, 언제나 여성 자신에게 없는 남근을 찾는 일에 몰두하는데 — 이 역시 프로이트의 '남근 선망(Penisneid)'에 대응하는 것이다. 여성은 불완전한, 하나의 단순한 '구멍(Loch)'이다. 남근이 없기 때문에 여성은 결코 고유한 욕망 또한 갖고 있지 않다.

하지만 욕망 없는 여성은 결코 주체가 아니다. 정체성에 대한 욕망은 자아(moi)로 하여금 상징 질서 내부에서 자아의 상상들을 억압하게 만드는데, 자아가 정체성을 발견하게 되는 것은 바로 이 자아의 상상들 속에서이기 때문이다. 정체성 없는 여성은 '주체성이 없으며(subjektos)', 거울의 기능을 갖는다. 여성은 단순한 객체, 남성 주체의 거울, 혹은 남성 주체가 자신의 정체성을 발견하는 상징계 내에서의 욕망의 단순한 대용물이다. 이렇게 해서 여성은, 남근이 없지만 남근의 입장을 취하며, 욕망의, 형용하기 어려운, 무의식적인, 표현할 수 없는, 불명료한, 반성 및 상징계와는 '다른 어떤 곳(Anderswo)'이자 '밖(Außerhalb)'의 지위를 갖는다. 그러므로 여성은 담론에서 '타자(Andere)'이다. 이에 따라 '타자'로서의 여성성은 담론의 타자와 동일하고 담론의 타자는 라캉에 있어서 궁극적으로 '무(Nichts)'이기 때문에 — 왜냐하면 담론을 벗어나서는 아무것도 존재할 수 없으므로 — 여성은 마침내 무를 대표하는바,[135] 무는, 대표한다 하더라도, 단지 결핍으로서, 결함으로서, '구멍'으로서만 상징화될 수 있다.

하지만 주체는 자기동일성을 매개로 모든 타자, 밖 그리고 순전히 부정적인 '다른 어떤 곳'을 자기 것으로 하고자 하는데, 왜냐하면 주체는 자신의 정체성과 완전성에 대한 열망을 충족시키기 원하기 때문이다. 이를 위해서 (항상 남성적으로 표상되는) 주체는 타자의 대용물을 사용하여, 그 속에서 스스로 동일시되게끔 하는 것이 필요하다. 여성은 이러한 기능을 충족시키며, 또한 자기동일성은 이리가라이에 따르면 항상 동화의 기준이 되는 본보기에 따라 진행되기 때문에, 남성 주체는 여성 객체를 자신에게 동화시키고 그렇게 함으로써 여성 객체를 해산시킨다. "타자는 동일한 것의 타자로 환원된다(Das Andere auf das ANDERE des GLEICHEN zu reduzieren)."[136]

이로부터 우리는 이제 — 이미 시몬느 드 보부아르의 경우와 같이 — 다음과 같은 사실을 추론할 수 있다. 여성은 타자 및 객체의 지위를 떠나야 하며, 주체 지위를 자기 것으로 해야만 하는데, 맨 먼저 여성은 자기 모습을 비추어 봄으로써 이를 통해 타자에 대한 욕망을 인식하는데, 이 욕망을 타자와의 그리고 그 이상의 동일시를 통해서 충족시키며 상징계로의 진입을 통해서 상징화하며, 상징계에 편입하고자 시도한다. 그러나 이리가라이에 따르면 이것은 두 가지 이유로 불가능하다.

첫 번째 상징계는 남근을 통해서 규정되기 때문에, 여성은 자신의 고유한 욕망을 포기하는 희생을 통해서만, 그리고 남성 주체에 철저히 동화되는 것을 통해서만 상징계에 진입할 수 있다. 여성인 타자는 자아의 동일시에 봉사할 뿐이며, 타자는 결코 '자립(Selbststand)'하지 못하고 단순한 거울 기능으로 해소되는데, 이 거울 기능은 결코 자아 기능일 수 없으며, 오히려 자아 기능의 하인일 뿐이다. "충실한 거울, 반들반들하고 왜곡함이 없는 반성들. 고유한 자아의 복사에 의해 건드려지지 않은 것. 타자는 오직 그가 자신의 외양을 나타내는 주체 자체에 봉사하기 위해 있기 때문에, 타자는 자기 자신에 대해 무관하고 무지하다."[137] 자신의 타자성, 말하자면 자신의 여성성을 단념하는 희생의 대가를 치르지 않는 한, 여성은 '타자'로서 결코 주체가 될 수 없다. 덧붙여 타자는 상징 질서 밖, 즉 타자로서 결코 편입될 수 없는 담론의 밖이다. 지배적인 남근적 아버지의 질서 속에서 여성성은 결코 상징화될 수 없다. 여성성이 단순한 결핍의 흔적, '구멍'인한, 여성성은 아무런 언어도, 표현도 '갖지(hat)' 못한다. 그리고 마지막으로 주체는 남근적으로 점령된 정체성과 완전성(현실적인 것)을 욕망하고 이와 함께 그 자체 남근적으로 확보되기 때문에, 주체 자체는 항상 그리고 필연적으로 남성적이다.

두 번째, 주체에 특유한 것은 지배 성격인데, 그 이유는 주체는 — 상상계로서 — 동일시가 강요되기 때문이다. 그리고 동일시란 자신의 정체성과 자신의 욕망을 위해서 동화 · 습득 · 해체 · 복종하는 것을 의미한다. 여성이 주체라면, 여성은 다른 '타자', 다른 거울 대상을 상상해야 할 것이다. 그래야 이 타자를 스스로 동일시하면서 자기 것으로 만들 수 있으며, 그렇게 해야만 여성은 자신의 정체성과 주체성을 확고히 할 수 있기 때문이다. 이렇게 하여 '여자 노예(Sklavin)' 내지 '하녀(Magd)'로부터 '지배자(Herrn)'로 된 여성은 이제 스스로를 지배함으로써 주체 지위를 사들였다. 여성은 '공동 지배자(Mitherr)' 그리고 '공동 행위자(Mittäter)'가 되긴 하였지만, 지배 메커니즘 자체는 아무것도 변하지 않았다.

이리가라이에 의하면 이 두 가지 이유의 배후에는 동일성 논리와 함께 서양 이성의 현존 사고가 놓여 있다. 동일성은 차이를 지배하고 현존은 부재하는 것, 밖에 있는 것, 짧게 말해서 타자를 지배한다.[138] 타자는 한편으로는 바로 타자로서,

외부로서 구성되고 추방되며, 다른 한편으로 그것은 자기동일시와 현전을 도구로 하여 다시금 자기 것으로 습득하는 것이 시도된다. 그러나 타자는 전적으로 다른 것이기 때문에 이러한 시도는 항상 그 목표를 이루지 못하고 결국 끊임없이 뒤로 연기된다. 하지만 상상하며 자기동일시하는 주체는, 모든 타자를 자기동일시하면서 자신에 동화되게끔 함으로써 단순히 그저 타자를 해체시켜 버리는 것이 아니라, 특히 여성성을 그리고 성별의 근본적 차이를 말소시켜 버린다. 주체가 여성성을 담론의 밖으로 상상함으로 해서, 주체는 동시에 거울로서 작동하고, 객체로서 자신을 동일시하며, 마침내 상징계 속에서 부정됨으로 해서, 주체는 자신의 고유한 남성성을 부인하고 '중립적(neutral)'이라고 사칭한다. 이러한 자칭 중립성은 물론 주체의 남성성만을 은폐한다.

여성들은 결코 주체일 수 없기 때문에 이리가라이는, 물론 순응이 아니라 반대로 전복을 목표로 삼아, 상징 질서 내에서 여성들이 '타자' 지위를 흉내내는 일을 떠맡을 것을[139] 요구한다.

> "먼저 아마도 역사적으로 여성성에 귀속시키는 오직 유일무이한 '길(Weg)'이 존재한다. 곧, 흉내내기(die Mimetik). 중요한 것은 여성이 이러한 역할을 자발적으로 채택해야 한다는

것이다. 이것이 이미 말하는 바는, 시인 속에서 종속적 지위를 전복시키는 것이고 이러한 사실로부터 종속시키고자 하는 것을 수포로 돌아가게 하는 일을 시작하는 것이다. [……] 그러므로 여성들이 흉내내는 연기를 한다는 것은, 담론으로 단순히 환원되어 버리지 않게 하면서, 담론을 통해서 여성 착취의 장소를 다시금 발견하려는 시도를 의미한다. 그것은 – '감각(Sensiblen)' · '물질(Materie)'의 측면에서 – 관념이 '남성적(männlich)' 논리 속에서 만들어졌듯이, 다시금 '관념(Idden)', 특히 여성들에 관한 관념에 승복하는 것을 의미한다. 그러나 그것은 은폐된 채로 있을 수밖에 없는 것 – 곧, 언어 내에서 여성성의 작동 가능성을 생매장하는 것 – 을 유희적 반복의 효과를 통해서 '드러나게(erscheinen)' 하기 위한 것이다. 아울러 그것은, 만약 여성들이 그렇게 잘 흉내낸다면 이는 여성들이 단순히 그러한 기능에 흡수되지 않기 때문이라는 사실을 '폭로한다(enthüllen)'는 것을 의미한다. 여성들은 같은 정도로 다른 어떤 곳에 머문다."[140]

이리가라이에 따르면, 여성들이 적극적으로 자신의 다름을 부정하지 않고 받아들일 경우, 여성들은 동일성 강요의 악순환을 깰 수 있다. 여성들은 우선 다름을 해체해야 할 하나의 관점이 아니라 유지해야 할 관점으로서 승인하며 이와 함께 여성성을 지배적인 상징계 속에서는 파악되지 않고 합병되지 않는 불명료한 것, 형용하기 어려운 것으로 승인한다.[141] 여성성은 '어떤 다른 곳(Anderswo)'이고 따라서 남근적 담론의 '타자(das Andere)'이기도 하다. 여성들이 어떠한 거울도 필요로 하지 않는 정체성을 추구하고, 그러므로 타자를 자기 동일성의 대상으로 남용하지 않는 정체성을 추구하며, 자신의 다름, 자신의 '여성적 말하기(Frau-Sprechen)'를 추구하고,[142] 그렇게 상징 질서에 등록함으로써, '구멍'으로서가 아니라 부정적으로만 상징화될 수 있는 단서로서 나타난다. 개개 여성들의 정체성은 하나의 여성적 정체성, 동일성을 강요하지 않는 정체성, 그리고 불변성을 주장하지 않는 정체성이다.[143] "여성은 일찍이 그 어떤 통일성으로써도 자신을 구성하지 않으면서 다시 자신과 만난다. 동시성은 여성의 '고유성(Eigentliches; son 'propre')'일 것이다. 자아 정체성의 다양한 가능성을 결코 그 어떤 형식 속에 고정시키지 않는 고유성. 항상 흐르는 [……]."[144]

이렇게 하여 여성은 자신의 여성적 욕망과 자신의 여성적 자아를 발견하는데, 이 여성적 자아는 자아로서 동일성 강요 없이 동일성 메커니즘에서 벗어난 것이다.

그러므로 자신을 (재)발견한다는 것은 여성에게 있어 자신의 기쁨의 그 어떤 것도 타자에게 희생시키지 않을 가능성, 특히 자신을 누구와도 동일시하지 않을 가능성, 결코 단순히 그저 한 여성으로서 존재하지 않을 가능성을 의미하는 것에 다름 아니다. [……] 그러므로 여성은 늘 이러저러한 여성의 모습을 보이겠지만, 산만하지 않은 모습을 유지할 것이다. 왜냐하면 타자가 이미 그녀 안에서 그리고 그녀에게 자기-성애적으로 친밀하기 때문이다. 이것은 결코 그녀가 타자를 동화시켜 제 것으로 선점한다거나, 자신의 소유로 환원시킨다는 것을 의미하지 않는다. 자신의 고유한 것, 자신의 소유물은 여성성에서 의심할 여지 없이 꽤나 낯선 것이다. 최소한 성적인 것에 있어서. 그러나 친밀한 것은 그렇지 않다. 타자는 그렇게 가까워서 타자의 모든 정체성 분리는 불가능하게 된다. 그러므로 자기 것으로 흡수하는 형식도 그러하다. 여성은 그렇게 친밀한 것을 향유해서, 타자도 자신도 소유할 수 없다. 여성은 자신을 타자와 끊임없이 교환하는데, 타자 혹은 다른 것과의 동일시없이 그러하다." 145

모든 여성의 정체성과 '주체성(Subjektivität)'은 한편으로는 여성들이 이미 자신 속에 지니는, 즉 자신의 비남근적 쌍수의 성 — 성은 '하나(eins)'가 아니다 — 의 모습 속에서 담지하는 자신의 다름을 승인하는 데서 생긴다. "그러므로 여성은 자기 자신 속에서 이미 항상, 서로 쓰다듬는, 하지만 하나와 하나로 분리되지 않는, 두 개로 있다."[146] 그렇기 때문에 그것은 결코 여성이 동일시해야 하는 거울 대상을 필요로 하지 않는다. 여성은 이미 이를 욕망할 수 있는 '타자'를 '자유로이 사용(verfügt)'하며, 이를 보여주고 이미 자신의 성의 형태로 상징화한다. 이러한 성의 인식 속에서 여성은 여성성의 상징과 마주치며 이와 함께 그녀 자신인 타자의 상징과 마주친다. 모든 차이 경험 속에서 여성은, 동일시 강요에 굴복당하지 않고 또한 모든 욕망을 남근적 욕망과 동일시하지 않고, 자신의 여성적 욕망—이 욕망은 동시에 타자의 욕망이다—과 마주치게 된다.

다른 한편 여성의 자아는 이미 어머니와의 출생 전 동일시 속에서 생기는데,[147] 그 이유는 이러한 동일시는 동일시 강요에 종속되지 않기 때문이다. 왜냐하면 어머니는 여성으로부터 분리되는 것이 아니라 오히려 동일한 성, 바로 여성이기 때문이다. 그래서 여성은 결코 거울 단계의 대상이 될 수 없다. 여성은 성차의 의미에서 결코 '타자'가 아니기 때문이다. 그렇지만 필요한 것은 상징계에서의 하나의 노동, 곧 여성의 욕망과 여성의 정체성을 상징 질서 안에 등록시킬 가능성을 추구하는 일로, 이는 이러한 상징 질서 일반 내부에서 다름과 차이, 특히 성차의 승인을 위한 공간과 어머니와의 동일시를

위한 공간을 마련하기 위해서이다. 이것은 여성 계보학의 승인 속에서 일어난다.[148]

차이 이론에서 출발하여 이리가라이는 성차 윤리학을 정식화한다. 한편으로 그녀는 "윤리적 과오, 되돌릴 수 없는 과오"[149]에 대해 언급하는데, 이 과오는 여성성의 상실에 있는 것으로, 성차의 배제 속에, 그러나 남성성의 상실 속에도 있다. 또한 이 과오는 지금까지 삶에 주어져 왔고 여전히 존재하는 것에 대한, [……] 모성성에 대한, 자연성, 모태, 가까이 있는 것에 대한 과오이다.[150] 이리가라이에 있어서 "모든 행위는, 만약 자아가 '둘(zwei)'이 아니라 '하나에(einem)' 스스로 동화될 경우, 자아가 동일한 것에(dem Selben) 스스로 동화되고 타자의 다름을 고려하지 않을 경우, [……] 과실로 되기 때문이다."[151]

다른 한편 여성에게 여성적 정체성, 여성적 욕망을 연마하도록 요구하는 것은, 여성성의 등록 및 상징 질서에 있어, 가령 정치적 혹은 법적 질서에 있어, 성차의 등록과 마찬가지로 하나의 윤리적 요구이다. 이리가라이에 따르면, 만약 여성이 자신의 여성성을 살아가고 남성이 여성에 대한 자신의 과오를 인정한다면, 그리고 여기서 자신의 고유성을 '반사경(speculum)'으로서의 여성에 의존하지 않고 추구한다면, 남성과 여성 사이에 하나의 새로운 관계 모형이 탄생한다. 성차의 양도 불가능성과 명백성에 대한, 그리고 새로운 관계 모형의 가능성에 대한, 곧 남녀의 새로운 공동 삶의 가능성에 대한 의미있는 모습은 한 쌍이다. 이에 따라 이리가라이는 성차를 특질로 하는 윤리학을 한 쌍의 윤리학으로도 표현한다.[152] 이를 넘어서 쌍 관계는 이리가라이에 있어서 그것의 성애적 차원 속에서 욕망의 윤리학을 위한 하나의 모델, 성애의 윤리학 그리고 육체의 윤리학 — 즉 타자를 배제하지 않는, 그리고 이것이 또한 말하는 바는 감각적인 것과 신체적인 것을 배제하지 않는 — 윤리학이다.[153]

이리가라이의 성차의 윤리학에 이탈리아의 여성 철학자 그룹인 '밀라노의 리브레리아 그룹(Libreria delle donne di Milano)'과 베로나의 '디오티마'가 결부되는데, 이리가라이에게서와 마찬가지로 독자적인 윤리학이 발전된 것이 아니라 보다 인간학적으로 정향된 성차의 양도불가능성에 관한 숙고로부터 윤리학과 마주치는 결론이 나오게 된다. 이탈리아의 여성 철학자들은 첫째로 평등[동일성] 이상(Ideal der Gleichheit)에 방향을 맞춘 윤리학을 거부하며 앞서 이리가라이처럼 성의 다양성 승인에 기초하는 윤리학을 찬성한다. 이러한 성차의 윤리학은 여성적 사고 · 감정 · 욕망 · 행위에 상응하는 여성적 정체성의 가능성에 관한 인간학적 반성에 근거하고 있다. 여성의 행위는 여성의 욕망을 통해서 동기화된다. 이러한 행위의 목표는 여성의 정체성과 이 정체성에 상응하는 여성의 자유 실현이다. 이러한 맥락에서 이탈리아의 여성 철학자들은 권리와 규칙에 정향된 윤리학과 정치에 대해서도 반대한다. 나아가 평등 이상으로 방향을 잡은 여성주의 윤리학의 고착과 사회 혹은 국가 기관들의 개혁을 겨냥한 정치를 비판한다.

이에 반해 이들의 관심 대상은 바로 소위 사적 영역과 일상적 삶에 있어서 모든 개개 여성들의 활동 공간이다. 그러므로 이탈리아 출신 여성 성차 이론가들은 사회구조에 대한 비판에 집중하기보다는 오히려 개인 도덕에 집중한다. 여기서 개인 도덕이 이끄는 확신은 여성의 자유 실현을 추구하고 이러한 자유로부터 행동하는 여성들의 개인적 활동이 상징 질서의 변화뿐 아니라 정치사회적 질서에 있어서도 폭넓은 성과를 가져온다는 것이다.[154]

길리건의 '여성 도덕'의 테제도 성차 윤리학의 구상도 여성주의적 윤리학 토론 내에서 신랄하게 비판된다. 데브라 네일스(Debra Nails)는 길리건의 경험 연구를 '인간의 오류 측정(Fehlvermessung des Menschen)'이라고 비판하고 평가에 사용된 검사 자료의 타당성을 신뢰하지 않는다. "『다른 목소리 *Die andere stimme*』에 최소한 경험 학문만큼 많은 해석이 영향을 미치고 있다. 교양 있는 비판이 학문으로 포장된다 하더라도, 사람들은 그 결론을 신뢰하지 않을 것이다."[155] 게르트루트 눈너-빈클러(Gertrud Nunner-Winkler)는 길리건 연구의 경험적 개연성에 대한 이러한 비판을 지지하며, 이를 넘어서 철학적 개연성의 부족도 비판한다. 한편으로 도덕의 이분화 테제는 논리적으로 정합적이지 못한바, 그 이유는 그녀가 두 가지 원리, 즉 정의와 배려에 대해서 동등한 타당성을 주장하기 때문이라는 것이다.

여기서 길리건이 오해하는 것은, 도덕의 질료적 내용과 관련해서는 많은 도덕이 있을 수 있겠지만, 도덕의 형식성과 관련해서는 많은 도덕이 있을 수 없다는 점이다. 즉 정초 논쟁에 있어 눈너-빈클러는 오직 하나의 형식적 도덕만이 존재한다는 입장이다. 그 밖에 길리건이 정의를 엄격성과 결부시키고 배려를 유연성과 결부시키는 것도 인정될 수 없다고 본다. 다른 한편 길리건이 간과하는 것은, 소위 여성 도덕의 관심사는 단지 사회화를 전제로 한 역할 도덕뿐이란 점이다. "여성들이 좀더 배려심을 보여준다면, 그것은 여성이 출산 능력이 있기 때문이 아니라, 그리고 여성이 초기 유년기의 보다 긴밀한 모성 동일시에 근거해서 관계 지향적이고 배려 지향적인 자아를 형성했기 때문이 아니라, 오히려 여성이 흔히 불명료한 역할을 담당하고 있기 때문이다."[156] 이에 반해 여성 도덕의 가정은 — 비록 사회적으로 산출된 것이라 해도 — 성별간의 변경 불가능한 본질적 차이를 주장한다는 것이다.

에바-마리아 슈빅케르트(Eva-Maria Schwickert)와 헤르타 나글-도체칼도 비슷한 방향의 논변을 편다. 슈빅케르트는 길리건의 두 가지 도덕 테제에 이미 눈너-빈클러가 지적한 논리적 모순 외에 실용주의적 모순이 있다고 본다. "타당성 요구를 포함한 주장으로서 길리건의 두 가지 도덕 테제는 수행에 있어 정확히 그것의 진술(명제)이 내용적으로 반박하는 것, 곧 보편타당한 도덕 개념 [……]을 필요로 한다. 두 가지 도덕 테제가 명시적으로 주장하는 것, 즉 두 가지 도덕 이해가 성별에 입각해 있고 보편적으로 타당한 것이 아니라고 주장하는 것은, 그것이 진리로서 주장되는 한, 이 테제가 스스로 전제하는 것이자 필요로 하는 것 — 통일적이고 보편적으로 타당한 도덕 입장 — 을 통해서 논박된다."[157]

그리고 나글-도체칼은 여성과 남성의 상이한 규범 표상이 인륜 영역에, 곧 실질주의 윤리학의 영역에 속하지만, 그녀가 형식 윤리학과 동일시하는 도덕 영역에 속하는 것은 아니라고 강조한다.[158] 사실 나글-도체칼은 특히 도덕 이론적 영역에서 두 가지 도덕 테제의 매우 중요한 문제에 관해서도 언급하는데, 도덕 개념이 전체적으로 동등하게 타당한 두 가지 도덕들이란 가정으로 해서 방해된다는 것이다. "또한 우리가

'성별간의 도덕적 노동 분업(moralische Arbeitsteilung zwischen den Geschlechtern)'의 가정이 전통적인 역할 분담에 상응한다는 것을 분명히할 경우, '여성 도덕 이론(Theorie der weiblichen Moral)'을 위한 제안들은 바로 여성주의적 관심사에 모순된다는 문제점을 강조할 수 있다."[159]

프리가 하우크(Frigga Haug)도 길리건 테제의 개연성을 문제시한다. 두 가지 도덕이 존재하는 것이 아니라, 적어도 서구 산업사회에 하나의 보편적 도덕이 존재하는데, 이 보편적 도덕은 양 성에 의해서 다르게 — 남성들에 있어서는 도덕적 명령의 소유 집중에, 그리고 여성들에 있어서는 신체 집중에 — 속하게 된다는 것이다. 이것은 노동 분업의 실천에 상응한다.[160] 그러므로 하우크에 있어서 사실상 도덕의 두 성별성이 존재한다. 하지만 길리건과 달리 하우크는 이러한 두 가지 성별성을 생물학적 혹은 사회화 이론적으로가 아니라 마르크스적 관점에서 정치적으로 정초한다. 도덕은 소외된 질서 기능을 갖는다. 그것은 — 바로 자본주의적 · 가부장제적 노동 분업 구조를 가진 사회에서 — 지배 도구로서 봉사한다. "양 성의 노동 분업적 할당[……]은 [……] 남성성 아래서 여성성의 종속, 상품과 더 많은 상품의 생산 아래서 종과 세계의 재생산의 종속과 같은 뜻이다. 그때그때 거기에 속하는 도덕 의미들은 그와 같은 태도를 지지하고 정당화할 뿐 아니라, 동시에 그러한 태도를 강화한다."[161]

하우크는 이제 길리건에게서 이러한 정치적 관점, 특히 지배 비판적 입장이 빠져 있음을 깨닫는다. "지배, 사회, 사회적 평등에 관한 언급이 없음."[162] 군힐트 부제(Gunhild Buse)의 비판도 이 지점에서 시작된다. 한편으로 길리건은 여성의 도덕 표상과 남성의 도덕 표상의 규범적 · 윤리적 비판 없이 기술적 윤리학만 진행시키며, 다른 한편 남성 중심주의 비판을 넘어서는 성차별주의와 가부장제 비판을 빠트리고 있다는 것이다. 이에 상응해서 길리건의 구상은 여성해방의 실천이나 앞서 말한 사회 비판의 접촉점이 너무 미미하다고 지적한다.[163]

마찬가지로 헤를린데 파우어-스투더는 '여성 도덕(weibliche Moral)'의 개념을 최대한 조심스럽게 다루거나 아니면 완전히 단념할 것을 제안한다. "'여성적(weiblich)' 그리고 '남성적(männlich)'은 문제가 있는 개념이다. 왜냐하면 그것은 상징적 차원에서 성별에 따른 억압 구조와 얽혀 있기 때문이다. [……] 여성 도덕의 이념은 너무 쉽게 성별에 따른 차이에 관한 생물학적 해석의 함정으로 이끌 뿐이다."[164] 하지만 파우어-스투더에 의하면 이렇게 여성 도덕의 가능성을 거부한다고 해서 결코 배려와 공감 같은 도덕 현상의 위상에 대한 물음 및 여성주의 시각에서 전통적인 도덕 철학을 수정하는 과제가 철회되는 것은 아니다.[165] 길리건의 공적은 이러한 토론의 계기를 부여한 데 있는 것이었고, 특히 — 마릴린 프리드먼(Marilyn Friedman)이 강조하듯 — 길리건의 테제는, 만일 우리가 그녀에 의해서 기술된 차이를 상징적으로 해석할 경우, 본질주의적인 것과 다르게 해석될 수도 있다.[166]

성차 윤리학에 대한 비판은 차이 이론 자체에 대한 비판의 맥락 안에 있다. 성차 이론은 성별 차이를 존재론화하고 그래서 본질주의적 관점을 함축한다는 것이다. 더 이상 양보할 수 없는 성별 이원성 테제의 일관성과 함께 성차 윤리학의 기획이 서 있고 이루어진다. 나글-도체칼이 강조하는 바는, 물론 성별간의 문제를 다루는 새로운 형식을 통해 길을 마련해 가는 하나의 새로운 윤리학을 갈망해야 하겠지만, 만약 그것의 정초가 다음과 같이 생각될 경우 — "양 성별은 서로 존중해야만 하는데, 그 이유는 양 성이 그때그때 다른 도덕적 능력을 가지고 있기 때문이다"[167] — 그와 같은 기획의 개연성은 사라지게 된다는 것이다.

나글-도체칼에 따르면, 여성주의 윤리학은 성별의 새로운 무용 안무를 "우연히 궁정풍의 전통에 속하는 것이 아닌 각종 사회춤들의 방식에 따라 두 성별을 줄세워 대립시키는 형식으로 사유하는 것이 아니다."[168] 그리고 본질주의 입장에 대해서 나글-도체칼은 여성주의 윤리학에서도 출발점으로서의 여성주의적 '우리(Wir)'는 나누어진 존재 속에 있는 것이 아니라, 나누어진 문제 속에, 즉 차별 문제에, 또한 억압을 반대하는 의견 일치 속에 있는 것이라고 반론을 제기한다.[169] 이를 넘어서 안네마리 피퍼(Annemarie Pieper)는 이리가라이의 차이 윤리학에 대한 다른 비판점 — 곧, 성애적 커플 관계의 이상 그리고 "이리가라이가 암묵적으로 전제한 가정, 즉 성애적 커플 관계는 모든 유형의 인간관계의 기본 모델로 표현될 수 있다는 가정"[170] — 에 주의를 기울인다.

성차 이론에 대한 이러한 비판은 급진적 구조주의의 여성 이론가들에 의해서 확장되고 급진화된다. 그중에서도 특히 주디스 버틀러(Judith Butler)는 성별 범주와 결별함으로써 성차 윤리학의 기반을 박탈하고자 한다. 그래서 그녀에게 소위 생물학적 성이라고 불리는 것은 푸코를 본받아 — 몸처럼 — 단순히 사회적 구성으로, 언어적으로 구성된 수행(Performanz)으로 간주된다. 그러므로 여성의 성정체성에 대해 말한다는 것은 여전히 실체 형이상학을 고수하고 근원 범주를 받아들이는 것으로 이해할 수 있다.[171] 따라서 성역할(젠더)뿐 아니라, 성정체성 자체(섹스)도 문화적으로 구성된 것으로 본다. 그러므로 버틀러에 따르면 자연적으로 주어진 것으로 여겨지는 것(몸 · 성별)이 사실은 문화적 · 사회적으로 전제된 명칭 실행의 결과이다. "'신체(Leib)'는 — 성별로 규정된 주체의 영역을 형성하는 헤아릴 수 없는 '신체들'처럼 — 그 자체 하나의 구성이다. 다시 말해 소위 몸들에 그것들의 성별을 구분하여 표현하기에 앞서 애초부터 그렇게 그 자리에 존재하는, 근본적으로 결정된 본질적인 성정체성이란 없다. 그래서 어느 정도까지 성정체성의 외적 표현을 통해서 비로소 그러한 몸(젠더의 표현물)으로 태어나게 되는지 하는 문제가 제기된다."[172]

버틀러에 따르면, 성차 이론에서 이분법의 논리가 다시 등장하는데, 이 이분법의 논리는 다수의 차이들로부터 하나의 차이를 이끌어내고, 이를 근원으로 내세우며 이와 함께 다시 양극의 범주 속에서 사고한다. 아울러 여성성에 의지함으로 해서 차이 이론은 이미 라캉에게서처럼 환상 — 곧 담론 내에서 어떤 '순수한 것(Reines)'이 담론에서 벗어나게 될 수 있다는, 그러므로 '아버지의 법칙(das Gesetz des Vaters)' 및 상징계(das Symbolischen) 밖에 하나의 순수한 여성적 정체성이 존재할 수 있다는 환상 — 에 빠진다는 것이다. 버틀러는 여기서 새로이 푸코를 예로 든다. 담론은 항상 권력의 담론이고 권력의 담론에서 '밖(Außerhalb)' 혹은 '어떤 다른 곳(Anderswo)'[173]은 결코 존재하지 않는다. 여기서 버틀러가 성을 구성으로서 이해한다는 것은 성이 환상, 단순한 가

상이라고 말하는 게 아니다. "'생산된다(produziert)'는 것이 '~에 의해 야기되다(verursacht von)' 혹은 '~으로부터 만들어지다(gemacht von)'를 뜻한다고 한다면, 몸은 담론이나 문화 혹은 그 어떤 단일한 원천의 '구성(Konstruktion)'의 산물로서 생산되는 것이 아니다. 삶 · 죽음 · 호흡 · 신체의 노쇠가 일어난다는 것은 논쟁의 여지 없이 확실한 것이다. 이 모든 것이 사회적 · 담론적 방식이라고 주장하는 것은 이러한 현상들이 원칙적으로 부정될 수 있다는 의미가 아니다. 우리가 '구성(Konstruktion)'을 '인위적인(künstlich)' 혹은 '단념할 수 있는(verzichtbar)' 것과 동일시한다면 오류일 것이다.[174]

그러므로 버틀러는 철저히 개인의 신체의 실재성에서 출발하고 '언어학적 관념론(der linguistische Idealismus)'[175] 내지 일원론에 반대한다. "전적으로 확실한 것은 신체는 살고 죽고 먹고 자고, 고통과 기쁨을 느끼며, 질병에 걸리고 상해를 입는다는 것이고 이러한 '사실들(Tatsachen)'은, 그렇게 사람들이 비관적으로 설명할 수 있을지 모르지만, 단순한 구성으로 처리해 버릴 수 없다. 확실히 이러한 일차적인, 부정할 수 없는 경험들을 수반하는 필연성의 유형이 존재함에 틀림없다. 이것은 의심할 여지가 없다."[176] 그럼에도 불구하고 버틀러는 성적인 신체의 '물질성(Materialität)'의 산출에 대해 이야기한다.[177] 여기서 그녀는 물론 개개 신체의 '물질성'과 '물질화(Materialisierung)'를 의미하는 '물질(Materie)' — 즉, 개개 신체와 함께 '행해지는(geschieht)' 것으로서 과정을 의미하는 물질 — 을 구별한다. 이에 상응해서 우리의 인식 대상인 단일한 실체로서의 물질이 존재하는 것이 아니라, 오히려 우리는 그러한 의미에서의 '물질'을 산출한다. "이러한 논문들(『중요한 몸 *Körper von Gewicht*』 안에 있는) 중 어떤 논문도 몸의 물질성을 부인하려는 의도가 없다. 오히려 그것들은 몸의 물질성이 구성되고 형성되는 규범적 조건들을 설명하려는, 그리고 특히 어떻게 그것이 성차 범주를 통해 형성되는지에 관한 규범적 조건들을 설명하려는 계보학적 노력이다."[178]

그러므로 물질은 "장소 혹은 외양으로 표상되는 것이 아니라 오히려 물질화의 한 과정으로 표상되는바, 이 물질화의 과정은 시간이 지나는 동안에 견고하게 되어서, 우리가 물질이라고 부르는 경계 설정, 안정성 그리고 외양에 작용을 미친다(ein Prozeß der Materialisierung, der im Lauf der Zeit stabil wird, so daß sich die Wirkung von Begrenzung, Festigkeit und Oberfläche bestellt, den wir Materie nennen). 물질이 항상 물질로 되어진 어떤 것이라는 것은 내 생각에 따르면 푸코적 의미에서의 규제하는 권력에 의해서 생산되고 물질화되도록 하는 작용과 관련하여 생각되어야 한다."[179]

성의 구성은 실재와 환상, 자연과 문화, 정신과 물질의 이분화 저편에 있다. 성의 구성을 인식한다는 것은 끊임없는 강제적 반복 수행을 통해 성정체성이 만들어진다는 사실을 인식하는 것을 의미하는바, 이러한 인식을 통해 비로소 이원론적 · 이분법적 사고가 돌파된다. '밖(Außen)'이 담론에서 산출되는 것이라면, 즉 담론의 효과라면, 밖을 이상으로서 견지하는 것은 아무런 의미가 없다. 담론의 '밖'은 결코 존재하지 않는다. 그러한 '밖'은 그 자체 이미 담론적으로 산출된 것이기 때문이다. 그것은 상징계에 의해 만들어진 욕망의 투사이다. 이와 함께 남근적 · 부친적인 상징 질서의 밖으로서 여성성을 말하는 것도 아무런 의미가 없다.

그러므로 버틀러에 있어서 긍정적으로 여성성을 끄집어내는 것은 불가능하다. 여성의 정체성이든 여성의 자아든 혹은 여성의 욕망이든 간에, 여성성을 말하는 것은 성별 범주의 환상에 빠지게 된다. 이리가라이에 있어서 발견될 필요가 있는 여성성의 장소는 버틀러에 따르면 존재하지 않으며 결코 존재할 수 없다. 이렇게 되면 이리가라이의 성차 윤리학의 모델 그리고 이와 결부되어 있는 여성의 자유와 성차의 정치학에 대한 이탈리아 여성 철학자들의 이론은 무력하게 된다.

그렇지만 버틀러는 길리건의 두 가지 도덕 테제에 대해서는 다른 태도를 취한다. 우리가 두 가지 도덕을 생물학적 소질로서가 아니라 사회적 실천(Praktiken)으로서 이해한다면, 길리건 테제와 구성주의 이론 사이에는 어떤 접촉점이 존재한다. 하지만 여기서 급진적 구성주의는 정확히 두 가지 도덕적 소질 및 그것의 성별화의 대조를 거부한다. 왜냐하면 구성 과정은 다양하고 두 가지 소질로 한계지을 수 있는 것이 아니기 때문이다.

안드레아 마이호퍼(Andrea Maihofer)도 길리건의 테제를 소위 구성주의적으로 수정하고자 하고 여기서 푸코를 본받아 도덕을 역사적으로 규정된 헤게모니적 담론으로, "다수의 특별한 사고방식, 정서 방식 및 행위 방식, 신체 활동, 인식 형태, 또한 다수의 [……] 규범, 가치, 태도 규준 및 서구 시민 자본주의 사회의 사회 표상들을 정식화하는 사회적 관계 및 제도로"[180] 정의한다. 마이호퍼는 길리건의 입각점을 지배적 도덕 담론의 헤게모니적 영향을 분석한 것으로, 또는 성별적, 곧 '여성적(weiblich)' 혹은 '남성적(männlich)' 주체의 구성 과정을 분석한 것으로 이해한다. "길리건이 성별에 따른 상이한 도덕 이해를 대조시킨 것은 오늘날 지배적인 현대 시민계급의 도덕 담론이 [……] 그 자체 남성 중심주의적이라는 점을 명백히 한다. 그것은 '남성적' 사고방식과 정서 방식 및 실존 방식의 규범적 보편화로서 밝혀진다."[181] 하지만 마이호퍼는 길리건은 테제가 대단히 중요하긴 하지만, 길리건이 전통 도덕을 단지 개별적 요소들에 있어서만 공격할 뿐, 그 자체로서 문제 제기하지 않는다고 비판한다.[182]

평등의 윤리학과 차이의 윤리학을 둘러싼 논쟁은 이미 상술했듯이 '자율성(Autonomie)' 내지 '자유(Freiheit)', '평등(Gleichheit)'과 '주체성(Subjektivität)' 같은 철학 개념의 의미에 대한 상이한 평가에 기초한다. 여성 차이 이론가들은 평등[동일성] 개념을 거부한다. 이에 반해 '주체성'과 '자유' 개념은 이들에 있어서 완전히 부정되지는 않지만, 고전적 해석에 반해서 전적으로 새롭게 정의된다. 다른 한편, 예를 들어 나글-도체칼, 파우어-스투더 혹은 누스바움 같은 자유주의 페미니즘의 여성 윤리학자들은 자유 · 평등 · 주체성에 관한 사유를 견지하며, 그것들을 일반성으로서의 도덕 정초를 위한, 그리고 특수성으로서의 여성주의 윤리학을 위한 필수적 토대로 보며 이러한 개념들을 여성주의적으로 수정 내지는 복권시키고자 한다. 이와 함께 여성주의 윤리학의 또 하나의 토론 영역에 발을 들여놓게 되는바, 곧 여성주의적 관점에서 본 자율적 주체성의 이념과 그것의 윤리학적 의미와 관련된 토론이다.

여성주의 윤리학은 자율적 주체의 이념을 필요로 하는가?

'자율성'과 '주체성' 개념에 관한 여성주의적 · 철학적 토론은 순수하게 윤리적인 토론이 아니다. 주체성과 자유의 전통적 이해에 대한 비판과 아울러 근대 철학의 이러한 기본 모티브의 옹호 역시 맨 먼저 가령 여성주의 인식론과 이성 비판 혹은 인간학에 대한 여성주의적 고찰처럼, 다른 각론의 주제였다. 하지만 '주체성'과 '자유'의 개념은 늦어도 칸트 이래로 실천이성의 핵심 개념으로, 또한 윤리학의 핵심 개념으로 자리잡게 되었고 이 개념들은 특히 의무론적 윤리학과 자유주의적 윤리학의 기본 자산에 속한다. 이러한 윤리학 전통에 비판적으로 대립하는 여성주의적 윤리학자들은 '주체성'과 '자유', 이 두 개념에 대해서도 비판을 집중하는데, 이 때 이들은 여기서 여성주의 철학의 다른 주제 영역 내에서 정식화되어 왔던 주체 개념에 대한 여성주의적 비판에 의지한다.

시몬느 드 보부아르도 『제2의 성』에서 여성을 주체의 타자와 동일시하는 것 그리고 이로부터 발생하는 주체 지위의 남성 독점을 비판했고 이에 따라 여성들의 주체 지위를 요청했다. 하지만 특히 포스트모던적 사고와 후기 구조주의적 사고의 영향 아래서, 가령 뤼스 이리가라이, 줄리아 크리스테

바, 엘렌 식수 및 이탈리아의 여성 철학자 그룹인 '디오티마' 같은 여성주의적 철학자들이 주체 비판적 태도를 취해왔다. 그리고 주디스 버틀러 같은 급진적 구조주의자들도 자율적 주체 개념을 거부한다. 자율적 주체의 이념에 대한 주된 반론은 다음과 같다.

주체는 원자론적 · 자기 원천적이고, 극단적으로 개인주의적이고 이기적이며, 타자 지배를 겨냥하고 있다. 자율성은 고립주의 및 단순한 '~로부터의 자유(Freiheit von)'와 동일시되고 그래서 거부된다.[183] 아울러 관심사는 '남성의(männlich)' 이상인 바, 그 이유는, 주체 개념이 남성들에 의해 정식화됨으로 해서 중립적으로 그리고 다양하게 주장되는 것이 아니라, 남성적으로 암시되기 때문이다. 주체 개념은 남성적 정황을 기술하는데, 이것이 '인간적인 것'으로 표현되고 이렇게 해서 보편화된다는 것이다. (하지만 이 주체 개념은 남성만을 대변하며 여성을 배제하기 때문에 '인간적'이란 표현이 허용될 수 없다.) 이렇듯 주체 개념은 남성 중심적 · 가부장적 사고의 정당화 토대이자 결과이다.

이리가라이는 — 자크 라캉의 주체 이론에 영향받아서 — 자율적 주체성을 여성적 자아의 이념으로 대체하고, '디오티마'는 자율성 개념에 대항해서 특별히 여성적 자유의 이념을 내세우는데, 이 자유는 비속박과 독립에 있는 것이 아니라,

오히려 여성이 세계와 연결되어 있고 타자와의 관계에 연루되어 있다는 데 있으며, 또한 이 자유는 여성으로 하여금 자신의 여성적 정체성과 욕망을 발견하게끔, 자신의 여성적 자유를 실현시키게끔 도와주는 여성적 권위로서의 다른 여성에 대한 승인에 있다. 여성적 자아의 이념을 통한 주체 사유의 이러한 대체는 이미 설명한 바와 같이 성차 윤리학을 정식화하기 위한 중요한 전제이다.

이에 반해 주디스 버틀러는 이미 성 범주와 마찬가지로 주체 개념을 대체없이 지워 버린다. 그녀가 프리드리히 니체(Friedrich Nietzsche)와 미셸 푸코(Michel Foucault)에 일치하는 테제로 돌아가 설명하는 바와 같이, 정체성과 주체성은 담론의 산물이기 때문이다. "정체성을 실천(Praxis)으로서, 더욱이 명명 실천(Bezeichnungspraxis)으로서 이해한다는 것은, 문화적으로 지성적인 주체를 규칙에 구속된 담론의 효과로 파악하는 것으로, 이 담론은 언어적 삶의 관행적인 그리고 흔히 있는 명명 행위 속에 등록되어 있다."[184] 버틀러에 의하면, 자아는 단순히 그저 어떠한 상태에 있는 것이 아니라 언어의, 담론의, 여성적이니 남성적이니 하는 지칭 실행의 사전성을 통해서 구성된다. 이와 함께 능동적으로 행위하는, 자율적인 자아의 표상은 무효로 된다. 남아 있는 것은 오직 반복 행위, 끊임없는 강제적 반복 수행으로 그것은 꼭 여

성 행위자를 필요로 하는 것이 아니다.[185]

그밖에 버틀러는 후기 구조주의의 영향을 받은 차이 이론을 주체 개념의 측면에서도 극단화시킨다. 이리가라이 및 다른 차이 이론가들이 남성을 의미하는 주체에 대한 대안으로 여성적 자아를 탐색하지만, 우리가 정체성 발견, '자기 자신으로 됨(Selbstwerdung)'이 담론에 의존한다는 것을 강조할 경우(차이의 여성 이론가들도 이를 강조한다), 버틀러는 그러한 탐색이 헛된 것임을 명백히 한다. 정체성 · 자유 · 상상력 · 자기동일시가 상징 질서의 상징화에(이리가라이), 외부의 권위에(이리가라이 · 디오티마), 담론에(버틀러), 그러므로 '자아(ich)'가 아닌 외부의 영향력에 의거한다면, 그것은 버틀러에 따르면 주체 개념에 그리고 그것의 여성주의적 대체 시도에 작별을 고한 결과일 뿐이다. 그러므로 버틀러는 차이 이론의 논거를 역으로 이용해서 논파한다.

포스트모던적 내지 후기 구조주의적으로 특징지어지는 주체 개념 비판은 배려 윤리학에 전념하는 그리고/혹은 여성주의 윤리학 내부에서 차이 이론적 입장을 지지하는 여성주의 윤리학자들에 의해서도 수용된다. 부분적으로 이들의 비판은 공동체주의의 영향 아래 '자유', '평등', '주체성' 개념의 비판과 결부된다. 특히 주체 사유 및 자율성 이념과 동일시되는 '유대 없는 자아(ungebundenes Selbst)'의 이념이 비판된다. 그리고 이에 대한 반격으로 타자에 대한 공감과 배려의 태도에 이르게 되는 자아와 타자와의 관계의 중요성이 강조된다.

자율성과 주체성에 대한 비판은 이미 여성주의 윤리학 내에서 비교적 오랜 기간에 걸쳐서 지배적이었고, 사실 여성주의 철학 일반 내에서 주류-태도와 같은 것이었다. 그러는 사이에 여성주의적 관점에서 자율적 주체 이념의 복권을 요구하고, 자유주의적 평등 사고의 재구성과 유사하게, 근대 철학의 이러한 기본 모티브의 재구성에 전념하는 사람들의 목소리가 보다 강력해졌다.

예를 들어 헤르타 나글-도체칼은 칸트 윤리학에 대한 주체 비판적 이의를 반박하고 인격 개념에 의지하여 이를 설명한다.

> "대체 어떻게 [……] 여성 차별을—혹은 다른 집단들의 차별 또한—밝혀낼 수 있는가? 인격 존중 내지 인격 경시의 물음을 척도로서 제시하지 못하게 하는 것이 타당하다면, 무엇으로 인격 훼손의 상처를 식별할 수 있는가? 그리고 여성들의 자주적 의지 결정이 남성들과 동등하게 존중되어야 한다는 요구의 표시가 아니라면, 도대체 왜 불이익에 대해 투쟁해야 하는가? 오늘날 종종 접할 수 있는 '인격(Person)' 개념에 대한 유

보적인 태도는 아마도 오해에서 비롯된 일일 것이다. 그것은 인격 개념과 함께 모든 인간에 공통의 정체성이 가정되어야 한다는 것에서 출발하며, 그래서 개개인의 차이를 평준화시킬 우려가 있다고 파악하게 된다. 이에 대해서 나는 다음과 같은 사실을 한번 숙고해 볼 것을 제안한다. 만약 칸트에 연결시킨 위의 설명에서 모든 개개인은 인격으로 대우받아야 한다는 테제가 지지된다면, 여기서 분리된 '존재(Wesen)'가 아니라 목적 자체를 설정할 수 있는 분리된 능력만을 염두에 두는 것이다. [……] 모든 개개인의 특수성을 중요하게 생각할 줄 아는 사람은 어떻게 이러한 특수성에 이를 수 있는지의 문제도 추구하게 될 것이다. 이와 함께 우리 개개인의 인생 행로는 [……] 우리들의 결정과 함께 형성된다는 사실에 시선이 머문다. 그러므로 차이가 보호되어야 한다는 주장은 개별적인 '인격'이 있다는 것으로부터 나오는 귀결이다. 오직 우리가 행위할 능력이 있기 때문에, 우리는 교체불가능한 정체성을 형성할 수 있다." 186

명시적으로 윤리적 자유주의와 의무론적 윤리학의 전통에서 있는 헤를린데 파우어-스투더와 베아테 뢰슬러(Beate Rösler)는 나글-도체칼과 동일한 노선에서 논증한다. 여기서 파우어-스투더는 자율적 삶(Autonom leben)이란 표어 아래서 자율성 개념 및 평등 개념을 중심에 놓는 반면, 뢰슬러는 사적인 것의 가치(Wert des Privaten)에 전념한다. 양자는 이러한 맥락에서 공동체주의적 윤리학 및 차이 이론적 여성주의 입장으로부터 거리를 둔다.

여성주의 윤리학 내에서 자율성과 자유에 대한 파우어-스투더의 복권의 토대는 자유에 대한 적극적 개념이다. '무엇으로부터의 자유(Freiheit von)'를 의미하는 단순히 소극적인 자유와는 달리 적극적 자유는 '무엇을 향한 자유(Freiheit zu)'를 포함하는데, 특히 고유한 결정을 내릴 수 있는, 가령 선[좋음]의 구상의 측면에서 결정을 내릴 수 있는 자유를 포함한다. 그러므로 여기서 자유는 자주적 의지 결정 및 자율적 삶을 이끌어 나갈 능력에 다름아니다.

자유 민주주의적 법치 국가는 관용 원리의 승인을 통해서 좋은 삶의 다원적 구상들을 보증하며 각각의 남녀가 그때그때 자신에게 고유한 선의 구상을 실현시키고자 할 수 있다는 것을 보장한다. 이를 통해 선의 온정주의적 규정을 피한다. "자유는 선택권에 기반하여 살아갈 수 있음을 포함한다. [……] 선의 다원적 구상들의 허용은 특정한 시각의 '참됨(Wahren)'에 의거해서 인간의 실제 가치 신념에 모순되는 선[좋음]의 표상을 인간에게 강요하는 것을 저지한다."[187] 이러한 적극적 자유 개념 외에 파우어-스투더는 평등 이해를 전제하는데, 이 평등 이해로부터 인격간의 상호 승인 및 존중의 보편적 원리가 나오게 된다. 이를 통해서 비로소 선의 다원적 구상들에 대해서 열려 있는 좋은 삶에 대해 이해할 수 있다.

> "존중과 승인의 개념으로부터 좋은 삶을 위한 모든 조건들을 올바로 고려할 수 있고, 아울러 인류 번영을 위한 모든 조건들도 그로부터 추론할 수 있다. 자유주의적 정치 이론의 핵심 가운데 하나가 좋은 삶의 개념은 좋은 삶의 실현을 위한 일정한 보편적 전제들에 관련해서만 명확하게 표현될 수 있다는 것이다. 그러므로 개인적 기획과 목표 표상을 어떻게 구체적으로 개개인의 좋은 삶의 이념과 결합시킬 것인가는, 개개인에게 맡겨진다." 188

이와 함께 자유와 평등은 상호 관계 속에 있는데, 이 관계에서 우선권은 자유에 주어져 있다. 자유는 평등 때문에 제한되거나 혹은 침해될 수 없다. 하지만 역으로 자유는 자결의 의미에서 여하튼 자주적 의지 결정의 삶을 이끌어 나가기 위해서 기본적인 시민권 보장 및 사회적 · 물질적 안전망도 필요하다. "인간을 존중한다는 것은 인간이 기본적인 경제적 안전 확보에 대한 일정한 요구를 갖는다는 것을 승인함을 의미한다. 사회복지법의 인정은 이러한 요구에 폭넓게 일치한다. 더 나아가 존중 및 승인의 이념은 경제 영역에서 노동관계들이 인간을 도구화하지 않을 것에 대한 요구, 그리고 그것들이 인간의 목적과 능력들을 알맞은 활동 공간에서 고려해야 한다는 요구 속에 분명히 나타난다."[189] 자유와 평등의 이러한 상호적 관계 규정은 자유보다 평등에 우선권을 인정하는 강한 평등주의와는 다르다. 파우어-스투더에 따르면 존 롤즈가 『정의론 *Theorie der Gerechtigkeit*』에서 제시했던 분배적 평등론은 자유와 평등의 이러한 상호 결합의 기준점이 된다.

그러므로 파우어-스투더의 윤리학 구상의 기초는 인격 존엄의 보편성이다. "모든 인간은 인간으로서 승인받는 것이 당연하다. 개개 인격은 자신의 존엄 안에서 존중될 권리를 갖는다."[190] 이것은 다시금 주체의 자율성에 대한 승인을 함축하며 이와 함께 바로 주체 사유의 승인, 주체 사유의 복권을 함축한다. 그러므로 주체성 · 자유 · 평등의 결과로서 비로소 선에 대한 규정이 생긴다. 파우어-스투더는 자신의 입장을 자유 기능적 자유주의라고도 표현하는데, 자유 기능적 자유주의는 자유로부터 출발하여 평등한 대우 및 평등의 일정한 형식들을 좋은 — 그리고 이것이 의미하는 바는, 자율적인 — 삶을 이끌 자유의 실현을 위해 요청한다. 이러한 자유 기능적 자유주의는 평등주의적 자유주의와 구분되는데, 후자는 그 중심에 평등 개념이 있으며 자유에 평등을 위한 도구주의적 관계만을 부여한다.[191] 반면 자유 기능적 자유주의는 능력과 기본 재화에 있어서의 평등 조건을 단지 자유의 보장과 좋은 삶을 실현하기 위한 수단으로서만 이해한다.

파우어-스투더는 보편적 존중과 승인의 원리에 기초하는, 그리고 그 결과로서 생기는 적극적 자유 및 분배적 평등의 근본 가치들에 기초하는 자유 기능적 자유주의의 입장을 가령 마사 누스바움이 주장하는 바와 같은 좋음[선]의 최소 구상과 관련시킨다. 파우어-스투더에 따르면 자유주의 입장의 전제 아래서 강한 선 이론에 기초한 윤리적 완전주의는 불가능하다. 그러한 완전주의적 선 이론들은 개인의 자유에 일정한 제한을 가하는 것을 정당화하는 데 기초가 되는 좋은 삶의 일정한 표상을 모든 사람들에게 구속력 있는 것으로서 규정하고 싶어한다.

이에 반해 자유주의는 좋음의 구상들에 대한 중립성의 원칙, 반온정주의의 원칙 그리고 기본적 자유의 원칙을 강조한다. 하지만 자유주의 입장도 개개인의 좋은 삶의 다원적 구상의 틀을 형성하는 좋음의 최소 구상을 필요로 한다. 이것은 다름 아니라 자유와 평등이라는 두 기본 가치를 승인하지 않는 그러한 좋은 삶의 구상들에 대해서도 하나의 자격을 부여하는 윤리적 임의성을 막는다. “좋은 삶의 개인적 구상들에 대한 중립성은 원칙적으로 이러한 표상들 모두를 허락한다는 것을 의미하지 않는다. 자유주의는 이 경우 좋은 삶의 임의적 이상들 속에서 표현되는 임의의 개인적 선호에 대해서 중립적이다. 한계는 권리의 원칙들과 이를 위한 구성 요소가 되는 가치들, 곧 자유와 평등을 통해서 설정된다.”[192]

마지막으로 이러한 최소 구상은 승인의 원칙에서 나오는 자유와 평등의 두 기본 가치의 승인과 동일시된다.[193] 하지만 이러한 좋음의 최소 구상은—파우어-스투더에 따르면—완전주의적인 좋음의 이론들과 다르다. 여기서 그녀는 자신의 의견이 누스바움의 좋음의 이론과 일치한다고 간주하는데, 왜냐하면 누스바움도 좋음의 완전주의적 구상을 거부하고 자유의 승인과 양립할 수 있는 좋음의 최소 구상을 지지하기 때문이다.[194] 하지만 누스바움과 달리 파우어-스투더는 좋음에 우선성을 둔 목적론적 윤리학이 아니라, 자유와 평등 내지 정의에 우선성을 둔 의무론적 윤리학을 지지한다. 그러므로 파우어-스투더와 누스바움은 목표 설정에서는 완전히 일치하지만, 다른 윤리적 정초 방법을 택한다.

이러한 자유 기능적 자유주의의 보편적 윤리 이론을 파우어-스투더는 이제 여성주의 윤리학에 관련시킨다. 여기서 그녀는 여성주의적 정치 이론들이 지금까지 자유 개념과 아주 소극적으로 대결했다고 비판[195]하는 한편, 자율성 개념에서 출발하여 여성주의 윤리 이론 및 정치 이론을 정식화하는 것이 — 가령 포스트모던적 혹은 마르크스적으로 영향받은 여성주의적 여성 이론가들의 자율성 개념 비판에 맞서서 — 필요하다고 본다. 그러한 비판은 공적 영역과 사적 영역의 자유주의적 분리 및 분리된 것으로 주장되는 이 두 영역의 성별화에, 남성적 기준에 맞추는 것으로밖에 해석될 수 없고 각각의 차이들을 도외시하는 평등 이상에, 그리고 고립되고 자립적이며 비유대적인 자아에서 출발하며 이러한 무관계성을 자율성으로 이상화하는 자율성 이해 및 주체성 이해에 집중된다.

파우어-스투더는 이러한 비판을 다음과 같이 논박한다. 자율적 주체의 개념은 결코 필연적으로 '유대 없는 자아'의 표상으로 나아가는 것이 아니라, 오히려 공동체 및 가치 정향에 대해 거리를 취할 수 있는 능력과 전통에 대해 반성할 수 있는 능력이라는 의미에서 주체성의 이상을 기술한다는 것이다. 하지만 이러한 자율적 주체성의 개념은 공적인 것과 사적인 것의 고전적 분리의 과제와 결합되어야만 한다고 본다.

"'공적 그리고 사적(öffentlich und privat)'이라는 고전적 분리 및 이에 상응하는 성별 질서가 포기[……]된다면, 자율성 원리는 성별에 입각한 전통적 의미 스펙트럼으로부터 풀려나게 되고 양성에 대해서 똑같이 구속력 있는 것으로서 간주될 수 있다. '여성성(Weiblichkeit)'과 '사적인 것(Privaten)'의 자연소여적 개념 연합에 바탕한 '사적인(privat)' 것과 '공적인(öffentlich)' 것의 의미 내용들이 상대화된다면, 여성이 좋은 삶에 대한 자신의 구상을 자유로이 규정하는 것 그리고 스스로를 자기 이해 속에서 전통적 성별 규범으로부터 독립하여 정의하는 것도 가능하다."[196]

아울러 분배적 평등의 개념은 남성적 기준에 맞추는 것과 동일하지 않으며 차이들의 승인 역시 배제하지 않는다는 것이다. 하지만 차이는 파우어-스투더에 따르면 평등 — 보다 정확하게, 분배적 평등 — 개념에 관련되어야만 하는데, 그 이유는 여성주의의 목표가 성의 불평등 승인이 아니라, 성별 정의이기 때문이다.

마찬가지로 차이는 자유 개념에 관련되어야 하는데, 그 이유는 자율적 삶의 목표가 바로 상이한 삶의 방식을 승인하는 것을 포함하기 때문이다. 그러므로 윤리적 기본 가치들인 자유 및 평등의 승인도 파우어-스투더에 따르면 '평등 대 차이(Glechheit versus Differenz)'의 대립을 피해 간다.

베아테 뢰슬러(Beate Rösler)는 상세하게 공적인 것과 사적인 것의 분리에 전념한다. 그녀의 관심사는 사적인 범주에 대한 여성주의적 복권이고, 여기서 그녀는 앞서 파우어-스투더처럼 성별 정의의 여성주의적 관심사를 일관성 있게 정초하기 위해서 여성주의 윤리학과 여성주의 정치 이론은 강한 자율성 개념을 필요로 한다는 것에서 출발한다. "내가 납득시키고자 하는 것은 다음과 같은 것이다. 우리가 자율성을 가치있는 것으로 간주하기 때문에 그리고 오직 사적인 조건의 도움으로, 또한 사적인 것에 대한 권리와 요구를 매개로 자율성이 모든 측면에서 살아남을 수 있고 모든 측면에서 분명히 드러날 수 있기 때문에, 우리는 사적인 것을 가치있는 것으로 간주한다."[197] 뢰슬러는 자율성을 다시금 인격의 자율성으로, 즉 바로 자신의 삶의 방식에 대한 자기 규정의 능력으로 정의한다.[198]

앞서 파우어-스투더처럼 뢰슬러는 자율적 삶은 성공적으로 잘사는 삶으로 그리고 역으로 성공적으로 잘사는 삶은 자율적 삶으로 규정될 수 있다는 것, 하지만 이러한 규정은 성공적으로 잘사는 삶에 대한 확실한 내용적 규정이 아니라, 단지 형식적 규정이라는 것을 강조한다. 이와 함께 그녀는 파우어-스투더와 마찬가지로 의무론적으로 정초된 좋음의 최소 구상을 지지한다.[199]

사적인 것의 개념에 대한 뢰슬러의 여성주의적 복권의 토대는 다음과 같은 이 개념의 정의이다. "우리가 스스로 '어떤 것(etwas)'에 대한 접근을 통제할 수 있을 때, 이 어떤 것은 사적인 것으로 간주된다. 그렇다면 역으로 사적인 것의 보호는 원하지 않은 타자의 출입으로부터의 보호를 의미한다."[200] 따라서 사적인 것의 개념에 대한 여성주의적 비판에 반대해서 뢰슬러는 이 개념의 여성주의적 중요성을 강조한다. 이와 함께 그녀는 공적인 것과 사적인 것 간의 분리를 마찬가지로 비판해 온 파우어-스투더의 자유주의도 넘어선다. 다른 측면에서 뢰슬러는 사적인 것에 대한 규정의 법적 · 관습적 특성을 강조한다. 공적 영역과 사적 영역 간의 분리는 인위적으로 구성된 것이지 소위 자연적으로 정해진 것이 아니다. 이를 통해서 뢰슬러는 당연히 비판된 사적인 것과 공적인 것 간의 고전적 자유주의적 분리의 성별에 따른 내포를 다루고자 하며 이와 함께 사적인 것과 가족 · 재생산 · 육아 · 배려와의 동일시, 자연과의 동일시를 – 그리고 그렇게 동일시된 영역의 성별화 및 '여성성(Weiblichen)'과의 동일시를 다루고자 한다.

뢰슬러에 따르면 공적인 것과 사적인 것 간의 분리의 이러한 사이비 자연주의화는 남녀간의 불평등한 자유 공간과 관련이 있다. 이러한 이유로 해서 사적인 것의 개념을 복권하기 위한 노력은 평등한 자유의 개념에 의존하는데, 이 평등한 자유의 개념은 성별에 입각한 노동 분업을 수반하는 '여성적(weiblich)' 사생활과 '남성적(männlich)' 공공성 간의 성별 코드의 의표를 찔러 효과를 상실하게 할 수 있다.[201] 뢰슬러는 사적인 것의 여성주의적 신 해석은 하나의 다른 사회 모델을 의미한다고 강조한다. "[(사적) 가사(Haus) 노동 개념의 비판에 의거한] 하나의 다른 노동 개념, 하나의 다른 (성별에 입각하지 않은) 노동 분업, 역할의 중립화, 여성들이 사적 영역을 의미하지 않음, 사적인 것(privat)과 공적인 것(öffentlich) 간의 어떠한 성별 위계적 차별화가 없음, 평등한 사적 '공간들(Räume)', 평등한 철회 가능성, 그러므로 평등한 사적 결정 공간들은 모든 인간들에게 동일한 방식으로 보장되어야 할 것이다. [……] '평등한 자유 가치들(Gleiche Freiheitswerte)'은 '평등한 자유 활동 공간들(gleiche Freiheitsspielräume)'로 이해되어야 한다."[202] 이러한 맥락에서 그녀는 한나 아렌트(Hannah Arendt)의 공적 영역과 사적 영역의 구분도 비판한다. 뢰슬러에 따르면 아렌트는 본질주의적인 사회 존재론에 뿌리박고 있는 두 영역의 자연적 구별을 가정한다.[203]

하지만 의무론적으로 논증하는 여성 윤리학자들만이 자율적 주체의 이념을 옹호하는 것이 아니라 여성 아리스토텔레스주의자인 마사 누스바움 역시 많은 여성주의 윤리학자들

편에서의 자율성 및 주체성에 대한 비판이 일반적이고 세분화되지 않은 획일적 비판임을 분명히한다. 사안은 이기주의나 유아론이 아니며, 독립성과 자립성의 이상이 그 자체 여성주의적 측면에서 거부되어야 할 목표도 아니다. 개인의 자립성의 의미는 다음과 같이 요약될 수 있을 것이다. "나는 자립적 인격이고 개인이다. 나 자신은 그 어떤 가치를 지닌 소중한 존재이고 나의 고통은 타인의 만족에 의해서 없어지지 않는다. 이 세상의 많은 여성들이 일차적으로 목적으로서가 아니라 오히려 타인에게 베푼 배려로 해서 높이 평가되는 전통의 틀 속에서 산다는 사실을 고려할 때, 자유주의적 개인주의가 여성들을 위한 긍정적인 어떤 것이라는 주장에 당연히 많은 사람들이 찬성할 것이다." 204

여기서 뚜렷한 정황이 드러난다. 여성주의 윤리학 토론은 시몬느 드 보부아르의 요청에 의해서 — 곧 여성이 더 이상 '타자'의 지위에 머문 채로 그리고 내재성에 구금된 채로 있는 것이 아니라, 자신의 주체 존재와 자율성을 실현하고 초월을 위한 그런 유형의 길에, '그 이상(Mehr)'에 도달해야 한다는 요청에 의해서 — 촉발되었다. 소위 '평등 여성주의(Gleichheitsfeminismus)'에 대한 비판의 단계 및 윤리학에 있어서도 차이 이론적 입장의 지배의 단계 후에, 내지는 윤리적 자유주의의 및 여성주의 윤리학의 지배적 패러다임으로서의 배려-윤리의 거부 후에, 보편성, 형식적 평등 그리고 정의 · 자유 · 주체성의 이념에 대한 재발견과 재구성이—물론 언급된 개념들의 비판을 통과한 그리고 이들을 고려하고자 시도하는 재구성이 — 시작된다.

하지만 어떠한 토론을 여성주의 윤리학은 미래에 이끌어가야 하는가? 어떤 입장들이 미래의 여성주의 윤리학에서 지탱될 수 있을 것인가? 그리고 또 하나의 다른 질문이 제기되어야 한다. 여성주의 윤리학의 기획은 논의를 통해 완전히 해명된 것인가, 그리고 이와 함께 완료된 것인가? 특별히 여성주의 윤리학을 강행하는 것은 정말로 여전히 의미있는 것인가? 아니면 여성주의 윤리학의 정식화를 이끌었던 관심사는 다른 형식으로 계속 추구되어야 하는가? 그래서 끝으로 다음과 같은 물음이 제기된다. 여성주의 윤리학 — 어디로?

4_여성주의 윤리학 – 어디로? 비판적 전망

우리가 여성주의 윤리학 토론에서 그때마다의 충돌 영역들에 대한 다양한 입장을 고찰할 경우, 미래의 여성주의 윤리학에 있어 다음과 같은 과제들이 발생한다고 생각한다.

1. 여성주의 윤리학은 하나의 기획으로 밝혀진바, 이 기획은 전통 윤리학이라 일컬어지는 것과 나란히 있는 것이 아니며 전통 윤리학으로부터 한계를 분명히 그을 수 있는 것도 아니다. 오히려 그 기획은 한편으로 그 자체 이미 윤리적 전통에서 나오는 논증들을 전제하는바, 그것은 이 논증들과 비판적으로 대결하거나 혹은 – 여성주의적으로 수정되어 – 이 논증들을 수용하며, 다른 한편 바로 많은 윤리적 전통에 대

한 비판적 시각을 통해서 보편적 윤리학의 토론들도 추진할 수 있는 기획이다. 이와 함께 여성주의 윤리학은 '여성의 특수 도덕(weibliche Sondermoral)'도 아니며 도덕의 '새로운(neue)' 혹은 '다른(andere)' 형식도 아니라는 것이 밝혀진다. 특별히 '여성적(weiblich)' 사고라는 것이 없는 것과 마찬가지로 '여성적(weiblich)' 윤리학도 존재하지 않기 때문에, 많은 본질주의적 입장의 주장과 다르게 사고하고 느끼고 행위하는 그리고 성적으로 구분되는 특별히 '여성적' 혹은 '남성적' 본질이란 존재하지 않는다.

윤리적 논증 구조들은 본래 '여성적인' 것도 '남성적인' 것도 아니다. 그것들은 오히려 일관성이 있거나 아니면 없는 것이고 그러한 일관성의 측면에서 판단되어야 한다. 물론 윤리적 논증 구조들이 일정한 지배 관계의 정당화를 위해 채택되거나 또는 성별간의 지배 관계의 정당화를 위해 채택되는 경우에, 이데올로기적으로 오용될 수도 있다. 이러한 도구주의화는 가령 비판 이론 전통에서 이데올로기적으로 심층 질문이 필요하고 여기서 일정한 사고 구조와 지배 관계 간의 연관에 주의를 환기시키는 것이 중요하다. 하지만 본질적으로 성별에 따라 인식과 행위에 차이가 있다고 보는 실체 형이상학적 구성에 의지하지 않으면서 이를 행해야 한다. 그러므로 여성주의 윤리학들과 전통적 윤리 구상들 간의 유일한 차이는 여성주의 윤리학들은 인식을 이끌어가는 관심과 입장을 명시적으로 밝히고 있다는 것, 그리고 그러한 입장들에서 출발하여 윤리적 반성을 시작한다는 데에 있다.

미래에도 여성주의적인 것으로 이해되고 동시에 모든 사람들을 위해서, 즉 고유한 여성 지지자들만이 아니라 전 사회 대중들을 위해서도 당연히 필요한 것으로서 요구할 수 있는 하나의 윤리학은 그러므로 내 생각에는 비여성주의적 윤리학들과 마찬가지로 동일한 방식으로 윤리적 담론에 참여하게 되며, 또한 그것은 단순히 '여성 주제(Frauenthemen)'로 불리는 것에 대해서만 자신의 입장을 밝히는 것이 아니라, 여성주의 관점에서 윤리학 토론의 전 스펙트럼을 주제화한다. 하지만 여기서 그것은 다른 윤리 구상들과 달리 자신의 일정한 출발점을 제시한다. 그러므로 '여성주의 윤리학 — 어디로?(Feministische Ethik — wohin?)'라는 질문에 대한 대답은, 보편적인 윤리 담론의 한가운데로, 도덕 정초를 둘러싼 그리고 도덕 판단의 형식들을 둘러싼 논쟁 한가운데로, 응용 윤리학의 다양한 당면 주제들을 둘러싼 논쟁 한가운데로 나아가야 하며, '부언하자면' 여성주의적 관심들을 나타내는 방향으로 나아가야 한다. 특히 이러한 담론에 참여하는 것이 여론 효과를 가져오고 이와 함께 성공을 거두어야 하는 경우에.

2. 보편주의적으로 논증하는 여성 윤리학자들의 윤리적 맥락주의에 대한 비판은 설득력 있게 윤리적 맥락주의 자체가 이미 함축적으로 보편주의 입장들을 요구한다는 것과 어떤 점에서 요구할 수밖에 없는가를 보여주었고, 그러므로 윤리적 맥락주의가 보편주의를 거부함으로써 자기모순에 빠져 있음을 보여주었다. 지배 비판적으로도 그리고 바로 지배 비판적으로 이해되는 여성주의 윤리학은 그러므로 내 생각에 그것이 보편주의적 윤리학 구상을 지지하고 정식화할 때만, 즉 고유한 여성주의적 출발점에 관계없이 모두를 위해서 존재하고자 하는 윤리학만이 일관적으로 논증될 수 있다.

하지만 여기서 여성주의적인 윤리적 보편주의는 결코 어쩔 수 없이 삶에 낯선 그리고 추상적인 혹은 엄숙주의적인 연역 도덕으로서 정식화되어야 하는 것이 아니라는 것, 그리고 어떤 점에서 그러한지가 설명되어야 하며 또한 보편주의적인 윤리 구상들의 기초에 있어서도 상황적 · 맥락적으로 판단내리는 것이 가능하다는 것, 그리고 그것은 어떤 점에서 가능한지, 결의론적으로 되지 않고 그때그때 개별 사례를 고려하는 것이 가능하다는 것 그리고 어떤 점에서 그것이 가능한지가 설명되어야 한다. 여성주의 윤리학 – 그러므로 어디로? 맥락적인 윤리적 보편주의의 구상으로.

3. 의무론적 윤리학과 목적론적 윤리학 간의 대립은 그러

는 사이 윤리학 토론에서 점점 더 심층적으로 질문받는다. 가령 한스 크래머(Hans Krämer)와 폴 리쾨르(Paul Ricoeur)는 의무론적 전통들도 좋음의 이론을 안다는 것, 그리고 역으로 목적론적 전통들도 의무를 지는 계기 및 정의의 윤리학 없이 꾸려나갈 수 없다는 것을 분명히 하였다. 마찬가지로 헤를린데 파우어-스투더 혹은 마사 누스바움 같은 여성주의 윤리학자들은 양 '고전적(klassischen)' 윤리적 전통 전략들을 결합시키고자 하였다. 파우어-스투더는 좋음의 최소 구상을 통한 의무론적 윤리학의 보충을 통해서, 누스바움은 좋은 삶의 윤리학의 자유주의적 해석을 통해서.

그 밖에 양자는 여성주의 윤리학만을 위해서가 아니라 윤리학 토론 일반을 위해서 하나의 공헌을 하고자 한다. 보다 의무론적으로 그리고 보다 목적론적으로 논증하는 구상간의 차이는 출발점에 놓여 있다. 하나가 당위와 옳음의 이론에서 시작한다면, 다른 하나는 성공적으로 잘사는 삶의 방식 내지 좋은 삶의 반성에서 출발한다. 하지만 이 두 번째 노선은 정의 윤리학에 결코 대립되는 것이 아니다. 오히려 그 반대다. 좋은 삶의 윤리학에서 관심사는 다름 아니라 모든 이들을 위한 성공적으로 잘사는 삶의 방식의 가능성이고 그것은 정의로운 삶의 상황을 갖추는 것 — 곧 모두를 위한, 소수자들을 위한, 남녀 시민권, 가령 직업 및 교육에서의 기회 균등, 사회적 정의, 성별 정의, 세대 정의 등 ― 을 전제로 한다.

반대로 반온정주의적 그리고 자유주의적으로 이해되는 좋은 삶의 윤리학은 결코 좋음에 대한 강한 내용적 규정을 내리고자 하지 않는다. 각각의 남녀는 성공적으로 잘사는 삶이 구체적으로 무엇을 의미하는지 스스로 결정해야 한다. 그와 같은 좋음의 최소 구상은 좋은 삶을 이끌 수 있기 위한 가능 조건들 ― 가령 시민의 권리 및 사회적 권리의 승인과 보장 ― 을 규정하는 데 국한된다. 그것은 정치적 차원에서 모든 유형의 동일화 정책에 대한 거부와 다원주의적 사회 형식의 보장을 함축한다. 그러므로 미래의 여성주의 윤리학은 여성들에게 좋은 삶은 무엇을 의미하는지에 대한 강한 규정에 몰두하기보다 오히려 좋은 삶에 대한 여성주의 이론이 되어야 하는바, 그것은 여성들이 성공적으로 잘사는 삶의 방식에 대해 언급한 가능 조건들을 반성하고 이를 정의의 관점 ― 특히 성별 정의의 관점 ― 그리고 이와 함께 윤리적 자유주의의 근본 동기(보편적인 것으로서 정의 및 개별적인 것으로서 시민 권리의 보장), 또한 사회주의적 내지 사회민주주의적으로 특징짓는 여성주의(좋은 삶의 근본 전제로서 사회적 권리의 보장)의 근본 동기와도 결합한다.

4. 만약 우리가 타자와 자기 자신에 대한 배려의 태도를 타자와 자기 자신에 대한 책임의 관점 및 정의의 관점과 결합시

킬 경우, 소위 배려 윤리학으로 불리는 것은 여성주의 윤리학의 보편주의적 구상으로 — 보다 의무론적으로 정향된 것이든 혹은 보다 목적론적으로 정향된 것이든 간에 — 통합될 수 있다. 여기서 어떤 점에서 배려가 개인 윤리학의 기준일 뿐 아니라 또한 사회 윤리학의 기준이기도 한지, 어떤 점에서 배려하는 태도가 동등한 존재간의 대칭적 관계를 전제하는지 그리고 어떤 점에서 배려의 태도가 한편으로 어쩔 수 없이 자기희생적 태도와 동일한 것이 아니며, 혹은 다른 한편으로 어쩔 수 없이 타자에 대한 온정주의적 태도와 동일한 것이 아닌지를 명백히 제시하는 것이 필수적이다.

하지만 그 다음 우리는 소위 정의 윤리학에 배려 윤리학을 대치시키는 것 그리고 이와 함께 양 구상을 서로 경쟁시키는 것을 단념해야 할 것이다. 아울러 우리는 배려의 태도를 인간학적 성찰에 의거하여 채택함에 있어서도 보편적인 인간의 — 그러므로 본래 '여성의(wieblich)' 것이 아니라 — 실존 방식으로서 입증해야 할 것이다. 하지만 이것이 의미하는 바는, 배려 윤리학을 특별히 여성적인 특별 모델로서 구성하는 것, 즉 배려와 공감을 특별히 여성들이 소유하고 있는 태도로서 이해하는 것을 단념하는 것이고, 이러한 배려의 태도를 '남성적(mänlich)'인 것으로 특징짓는 정의 도덕 및 규칙 도덕에 대립시키는 것을 단념하는 것이다.[205]

5. ‘주체성(Subjektivität)’, ‘자율성(Autonomie)’ 그리고 ‘평등(Gleichheit)’ 개념에 대한 비판이 지배해 온 여성주의 윤리학의 단계 후에 — 이러한 개념들이 철학적 전통 속에서 아무 의심 없이 받아들여져 왔다는 생각이 분명해지면서 — 바야흐로 여성주의 관점에서 이러한 개념들의 재발견이 확인될 수 있다. 이 개념들에 대해 비판하고 철저히 연구해 왔던, 이전에 그렇게 여러가지로 논란이 되었던 개념들을 복권시키는 이러한 길은 내 생각에 앞으로도 계속 추구되어야 한다.

왜냐하면 예를 들어 나글-도체칼, 파우어-스투더, 누스바움, 혹은 뢰슬러 같은 여성 윤리학자들이 자유주의적 윤리학 전통의 복권 속에서 그리고 공동체주의 윤리학 및 성차 윤리학에 대한 이들의 비판 속에서 명백히 했던 바 — ‘계몽 변증법(Dialektik der Aufklärung)’에 대한 정당한 비판에도 불구하고 — 무엇보다도 여성 해방적 관심에 기초하고 지배 관계 비판도 겨냥하는 어떠한 윤리적 구상도 주체성, 자유, 상호 승인 및 대칭적 인간 관계의 이념을 강조하는 계몽주의적 · 자유주의적 철학 전통 없이는 꾸려나갈 수 없기 때문이다.

여기서 미래에 감정과 자아의 신체적 요소를 주체 사유 속에 포함시킬 수 있는 하나의 이론, 그리고 자유를 단순히 타자로부터의 독립으로 정의하는 것이 아니라, 무엇보다도 타자와 관계맺을 수 있고, 윤리적 관점에서 타자의 행복을 위해 염려할 수 있으며, 그러한 책임을 질 수 있는 인격의 능력으로 규정되는 하나의 이론을 발전시켜야 한다. 아울러 형식적 평등의 의미에서의 그리고 자아와 타자에 대한 상호승인의 의미에서의 평등을 기초하고 이러한 평등 이해를 자신에게 타자가 '동화' 되는 것(혹은 그 역)이라고 주장하는 오해로부터 한계를 긋는 평등 이론이 정식화되어야 한다.[206]

이러한 미래의 여성주의 윤리학의 다섯 가지 과제 영역에 대한 숙고와 더불어 여성주의 윤리학 토론에 여성주의적으로 동기화된 정치 이론에 대해서도 광범위한 영향력을 갖는 또 다른 팽팽한 논쟁들이 자리잡고 있다. 하지만 이러한 논쟁들은 배타적인 살롱이 아니라, 오히려 세상 한가운데로 이르게 된다. 그 때에 여성주의의 관심사는 모든 남녀 시민들의 관심사로 될 수 있는데, 이들에게 핵심 관심사는 민주주의와 다원주의, 여성 시민권과 남성 시민권, 경제 정의와 사회 정의, 그리고 성공적으로 잘사는 삶의 방식의 가능 조건으로서의 소위 자연적 생활 기반을 보호하는 것이다.

주

1 지금까지 독일어권에서는 안네마리 피퍼가 출판한 여성주의 윤리학 입문서들이(『침묵한 성의 봉기. 여성주의 윤리학 입문 *Aufstand des stillgelegten Geschlechts. Einführung in die feministische Ethik*』, 『여성주의 윤리학은 있는가? *Gibt es eine feministische Ethik?*』) 바로 이 두 논의 영역에 집중한다. 그러나 이 입문서들은 가령 여성주의적 공동체주의와 관련된 토론 혹은 새롭게 환기된 자율성 개념의 토론 같은 최근의 쟁점들을 고려에 넣을 수 없었다.

2 Kant, Immanuel, Beobachtungen über das Gefühl des Schönen und Erhabenen, A, in: ders., *Werke in sechs Bänden*, Bd. 1, Darmstadt 1998, 55f면.

3 Pauer-Studer, Herlinde, *Das Andere der Gerechtigkeit. Moraltheorie im Kontext der Geschlechterdifferenz*, Berlin 1996, 15f면.

4 Jaggar, Alison M., Feministische Ethik: Ein Forschungsprogramm für die Zukunft, in: Nagl-Docekal, Herta/Pauer-Studer, Herlinde 편, *Jenseits der Geschlechertmoral. Beiträge zur Feministischen Ethik*, Frankfurt/M. 1993, 195면.

5 Nagl-Docekal, Herta, Jenseits der Geschlechtermoral. Eine Einführung, in: dies./Pauer-Studer, Herlinde 편, *Jenseits der Geschlechtermoral*, a.a.O., 7면.

6 Beauvoir, Simone de, *Das andere Geschlecht. Sitte und Sexus der Frau*, Hamburg 1989, 10f면.

7 같은 책, 265면.

8 같은 책, 21면.

9 같은 책, 152f면 참조.

10 같은 책, 85면.

11 같은 책, 88면.

12 같은 책, 676면.

13 보부아르의 윤리적 구상에 관해서는 Konnertz, Ursula, Simone de Beauvoir. Der Entwurf einer feministischen Ethik — ein gescheitertes Experiment?, in: dies./Conrad, Judith 편, *Weiblichkeit in der Moderne. Ansätze feministischer Vernunftkritik*, Tübingen 1986, 115-138면 참조.

14 예컨대 Noddings, Nel, Warum sollten wir uns ums Sorgen sorgen?, in: Nagl-Docekal, Herta/Pauer-Studer, Herlinde, *Jenseits der Geschlechtermoral*, a,a,O., 140ff면 참조.

15 이러한 비판에 대해서는 Jagger, Alison M., Feministische Ethik, a,a,O., 204ff면 참조.

16 Friedmann, Marilyn, *What Are Friends For? Feminist Perspectives on Personal Relationships and Moral Theory*, Ithaca/New York 1993, 231-255면 참조.

17 Held, Virginia, Non-contractual Society: A Feminist View, in:

Hanen, Marsha/Nielsen, Kai 편, *Science, Morality and Feminist Theory*, Calgary 1987, 111-137면 참조.

18 Conradi. Elisabeth, *Take Care. Grundlegung einer Ethik der Achtsamkeit*, Frankfurt/M. 2001, 61-93면 참조.

19 이에 대한 상세한 내용은 Rawls, John, *Eine Theorie der Gerechtigkeit*, Frankfurt/M. 1979 참조.

20 Krebs, Angelika, Feministische Ethik. Eine Kritik der Diskursrationalität, in: Demmerling, Christoph/Gabriel, Gottfried/Rentsch, Thomas 편, *Vernunft und Lebenspraxis. Philosophische Studien zu den Bedingungen einer rationalen Kultur. Für Friedrich Kambartel*, Frankfurt/M. 1995, 309-328면 참조.

21 Jauch, Ursula Pia, *Immanuel Kant zur Geschlechterdifferenz. Aufklärerische Vorurteilskritik und bürgerliche Geschlechtsvormundschaft*, Wien 1988 참조.

22 Nagl-Docekal, Herta, Jenseits der Geschlechtermoral. a,a,O; dies., *Feministische Philosophie. Ergebnisse, Probleme, Perspektiven*, Frankfurt/M. 1999, 178-187면 참조.

23 O'Neill, Onora, *Constructions of Reason. Explorations of Kant's Practical Philosophy*, Cambridge u.a. 1989, 51-65면; dies., Einverständnis und Verletzbarkeit: Eine Neubewertung von Kants Begriff der Achtung für Personen, in Nagl-Docekal, Herta/Pauer-Studer, Herlinde 편, *Jenseits der Geschlechtermoral*, a,a,O., 335-367면; dies, *Tugend und Gerechtigkeit. Konstruktive Darstellung der praktischen Denkens*, Berlin 1996 참조.

24 Benhabib, Seyla, Der verallgemeinerte und der konkrete Andere. Ansätze zu einer feministischen Moraltheorie, in: List, Elisabeth/Studer, Herlinde 편, *Denkverhältnisse. Feminismus und Kritik*, Frankfurt/M. 1989, 454-487면. Modifizierte Fassung in: dies, *Selbst im Kontext*, Frankfurt/M. 1992, 161-191면 참조.

25 Dies., *Selbst im Kontext. Kommunikative Ethik im Spannungsfeld von Feminismus, Kommunitarismus und Postmoderne*, Frankfurt/M. 1995, 특히 33-75면과 192-220면 참조.

26 (역주) 고전 공리주의자에 속하는 시즈위크는 도덕적 가치가 옳음의 개념과 좋음의 개념이라는 근본적으로 서로 다른 형식에 의존하고 있는 것으로 본다. 이로부터 그는 서양 윤리학을 역사적으로 구분함에 있어, 그리스 윤리학은 좋음의 우선성을 중심으로, 근대 윤리학은 옳음의 우선성을 채택하여 전개하는 것으로 간주한다. 시즈위크의 이러한 구분법은 그 이후 서양 규범 윤리학의 전개 양상을 이해하는 데 매우 중요한 척도로서 역할을 하게 된다. 다시 말해 적어도 현대 규범 윤리학의 두 가지 중요한 축이 되는 자유주의 윤리학과 공동체주의 윤리학을 이해하는 데 매우 유용하다고 할 수 있다. 특히 의무론적인 자유주의 윤리학은 옳음 및 정의의 우선성을 근거로 하는 개인의 권리, 자유, 자기 선택, 자기 결정 그리고 개별적 정체성(나) 등을 중요한 가치로 내세운다. 반면에 아리스토텔레스적 전통을 그 원류로 하는 공동체주의 윤리학은 좋음 및 공동선의 우월성을 기초로 하는 공생 · 공익 등의 공동체적 가치와 궁극 목적에 기여하는 여러 가지 공동체적 덕목, 그리고 유대감 및 집단적 정체성(우리)을 전제로 하는 공동체의 유지와 강화를 중요한 가치로 삼는다. (윤리학적 관점에서 서양의 현대 자유주의와 공동체주의를

대표하는 철학자들의 견해를 이해 · 정리한 책으로는 홍성우, 『자유주의와 공동체주의』(선학사, 2005) 및 스테판 뮬홀, 『자유주의와 공동체주의』, 김해성 역(한울, 2001) 참조.

27 Maihofer, Andrea, *Geschlecht als Existenzweise*, Frankfurt/M. 1995 참조.

28 이와 관련하여 Pauer-Studer, Herlinde, *Das Andere der Gerechtigkeit*, 같은 책, 163-166면; Friedman, Marilyn, Feminismus und moderne Formen der Freundschaft: Eine andere Verortung von Gemeinschaft, in: Honneth, Axel 편, *Pathologien des Sozialen. Die Aufgabe der Sozialphilosophie*, Frankfurt/M. 1994, 184-204면; Nagl-Docekal, Herta, Die Kunst der Grenzziehung und die Familie, in: *Deutsche Zeitschrift für Philosophie, 41 Jg., Nr. 6*, 1993, 1021-1033면; Frazer, Elizabeth/Lacey, Nicola, MacIntyre, Feminism and the Concept of Practice, in: Horton, John/Mendus, Susan 편, *After MacIntyre*, Cambridge 1994, 265-282면 참조.

29 이와 관련하여 Nussbaum, Martha, *Gerechtigkeit oder Das gute Leben*, Frankfurt/M. 1999; dies., *Vom Nutzen der Moraltheorie für das Leben*, Wien 2000; dies., Menschliches Tun und soziale Gerechtigkeit. Zur Verteidigung des aristotelischen Essentialismus, in: Brumlik, Micha/Brunkhorst, Hauke 편, *Gemeinschaft und Gerechtigkeit*, Frankfurt/M. 1993, 323-261면 참조.

30 Code, Lorraine, *What Can She Know? Feminist Theory and the Construction of Knowledge*, Ithaca/London 1991, 89ff면 참조.

31 Conradi, Elisabeth, *Take Care*, a,a,O., 210-217면 참조.

32 Deveaux, Monique, New Directions in Feminist Ethics. Review Article, in: *European Journal of Philosophie, 3. Jg., Nr. 1*, 1995, 86-96면 참조; Benner, Patricia, A dialogue between virtue ethics and care ethics, in: *Theoretical Medicine*, 18. Jg., 1997, 47-61면 참조.

33 Gutmann, Amy, Die kommunitaristischen Kritiker des Liberalismus, in: Honneth, Axel 편, *Kommunitarismus. Eine Debatte über die moralischen Grundlagen moderner Gesellschaften*, Frankfurt/M./New York 1993, 68-83면 참조.

34 Frankena, William K., *Analytische Ethik. Eine Einführung*, 2 Aufl., München 1975, 114면.

35 Grewendorff, Günther/Meggle, Georg, Zur Struktur des metaethischen Diskurses, in: dies.편, *Seminar: Sprache und Ethik. Zur Entwicklung der Metaethik*, Frankfurt/M. 1974, 23면.

36 Craemer-Ruegenberg, Ingrid, *Moralsprache und Moralität. Zur Thesen der Sprachanalytischen Ethik. Diskussion, Kritik, Gegenmodell*, Freiburg/München 1975, 70-92면 참조.

37 Riedel, Manfred, Einleitung, in: ders., *Norm und Werturteil. Grundprobleme der Ethik*, Stuttgart 1979, 12면.

38 Kuhn, Thomas S., *Die Struktur wissenschaftlichr Revolutionen*, 2., rev. und erw. Aufl., Frankfurt/M. 1976, 특히 49-64면; Habermas, Jürgen, *Erkenntnis und Interesse. Mit einem neuen Nachwort*, 9. Aufl., Frankfurt/M. 1988 참조.

39 Benhabib, Seyla, Hegel, die Frauen und die Ironie, in: Nagl-

Docekal, Herta/Pauer-Studer, Herlinde, *Denken der Geschlechterdifferenz. Neue Fragen und Perspektiven der feministischen Philosophie*, Wien 1990, 19면.

40 Pauer-Studer, Herlinde, Moraltheorie und Geschlechterdiffenenz. Feministische Ethik im Kontext aktueller Fragestellungen, in: dies./Nagl-Docekal, Herta 편, *Jenseits der Geschlechtermoral*, a.a.O., 19f면.

41 같은 책, 40면.

42 Haug, Frigga, Die imaginäre Frau der Moral. Zum Projekt einer feministischen Ethik, in: *Das Argument 206*, 36. Jg., 1994, 767면.

43 같은 책.

44 같은 책, 768면.

45 Benhabib, Seyla, Der verallgemeinerte und der konkrete Andere, a.a.O., 459면 참조.

46 Haug, Frigga, Die imaginäre Frau der Moral, a.a.O., 772면.

47 Jagger, Alison M., Feministische Ethik, a.a.O., 196면 참조.

48 Aristoteles, *Nikomachische Ethik*, 1094 a 1ff면 참조.

49 이에 관한 상세한 내용은 Ricœur, Paul, *Das Selbst als ein Anderer*, München 1996, 207-358면 참조.

50 Sherwin, Susan, Feministische Ethik und In-vitro-Fertilisation, in: Nagl-Docekal, Herta/Pauer-Studer, Herlinde 편, *Jenseits der Geschlechtermoral*, a.a.O., 232면.

51 Dies., *No longer Patient. Feminist Ethics & Health Care*, Philadelphia 1992, 62ff면 참조.

52 같은 책, 59-62면 참조.

53 Benhabib, Seyla, Der verallgemeinerte und der konkrete Andere, a.a.O., 455면 인용.

54 보다 보편주의적으로 이해되는 배려 윤리도 있다. 이에 대해서는 나중에 좀더 자세히 논의할 것이다.

55 Tronto, Joan C., *Moral boundaries: a political argument for an ethic of care*, New York/London 1993, 103면. 이에 관한 자세한 내용은 Conradi, Elisabeth, *Take Care*, a.a.O., 37ff면 참조.

56 Tronto, Joan C., *Moral boundaries*, a.a.O., S. 106ff면 참조.

57 Conradi, Elisabeth, *Take Care*, a.a.O., 39면 참조.

58 같은 책, 43면 참조.

59 Ruddick, Sara, *Mütterliches Denken*, Frankfurt/M. 1992 참조.

60 Held, Virginia, *Feminist Morality. Transforming Culture, Society and Politics*, Chicago/London 1993, 192ff면 참조. 비슷한 노선에서 Eva Feder Kittay도 논변한다. 이에 대한 상론은 Conradi, Elisabeth, *Take Care*, a.a.O., 141-147면 참조.

61 Conradi, Elisabeth, *Take Care*, a.a.O., 45-59면.

62 같은 책, 55면 참조.

63 같은 책, 206f면 참조.

64 Nunner-Winkler, Gertrud, Gibt es eine weibliche Moral?, in: dies. 편, *Weibliche Moral. Die Kontroverse um eine geschlechtsspezifische Ethik*, Frankfurt/M./New York 1991, 147면.

65 Nagl-Docekal, Herta, Jenseits der Geschlechtermoral. Eine Einführung, a.a.O. 25면.

66 같은 책, 19ff면 참조.

67 Pauer-Studer, Herlinde, Moraltheorie und Geschlechterdifferenz,

a.a.O. 43면 참조.

68 같은 책, 44f면 참조.

69 Benhabib, Seyla, Der verallgemeinerte und der konkrete Andere, a.a.O., 460면.

70 같은 책, 468면.

71 같은 책.

72 같은 책, 468f면.

73 (역주) 이러한 논의를 기초로 하여 벤하비브는 하버마스의 의사소통적 행위 모델을 기초로 하는 의사소통적 욕구 해석의 모델(Modell der kommunikativen Bedürfnisinterpretation)을 정초한다. 이러한 의사소통적 윤리학은 결과적으로 응용 영역의 확장을 가져오는데, 그 이유는 의사소통적 윤리학이 단지 권리뿐 아니라 욕구도 고려할 수 있기 때문이다. 그래서 벤하비브는 이 관점을 보편적 규범을 발전시킬 수 있을 뿐 아니라 더 나은 공동체적 삶에 대한 자극을 줄 수 있는 것으로 본다.

74 Maihofer, Andrea, *Geschlecht als Existenzweise*, a.a.O., 153면.

75 같은 책, 154면.

76 같은 책, 155면.

77 같은 책.

78 Dies., Rekonstruktion von Gilligans Thesen zu einer »weiblichen« Moralauffassung als Kritik herrschender Moral, in: Kulke, Christiane/Scheich, Elvira 편, *Zwielicht der Vernunft. Die Dialektik der Aufklärung aus der Sicht von Frauen*, Pfaffenweiler 1992, 137면.

79 Noddings, Nel, Warum sollten wir uns ums Sorgen sorgen?, in:

Nagl-Docekal, Herta/Pauer-Studer, Herlinde 편, *Jenseits der Geschlechtermoral*, a.a.O., 142면.

80 같은 책, 154면.

81 나딩스의 배려-개념에 대한 자세한 내용은 Noddings, Nel, *Caring. A Feminine Approach to Ethics & Moral Education*, Berkeley/Los Angeles/London 1984 참조.

82 Jagger, Alison M., Feministische Ethik, a.a.O., 211면.

83 Hoagland, Sarah Lucia, Einige Gedanken über das Sorgen, in: Nagl-Docekal, Herta/Pauer-Studer, Herlinde 편, *Jenseits der Geschlechtermoral*, a.a.O., 180면.

84 같은 책, 189면.

85 Haug, Frigga, Die imaginierte Frau der Moral, a.a.O., 759면.

86 Pauer-Studer, Herlinde, *Das Andere der Gerechtigkeit*, a.a.O., 45면 참조.

87 같은 책, 110면.

88 Nagl-Docekal, Herta, *Feministische Philosophie*, a.a.O., 182면.

89 같은 책.

90 같은 책, 182f면 참조; dies., *Jenseits der Geschlechtermoral*, a.a.O., 24f면.

91 O'Neill, Onora, *Bounds of Justice*, Cambridge 2000, 97-111면과 143-167면 참조.

92 Okin, Susan Moller, Von Kant zu Rawls: Vernunft und Gefühl in Vorstellungen von Gerechtigkeit, in: Nagl-Docekal, Herta/Pauer-Studer, Herlinde 편, *Jenseits der Geschlechtermoral*, a,a,O., 329면.

93 Benhabib, Seyla, Der verallgemeinerte und der konkrete

Andere, a.a.O., 477면.

94 Pauer-Studer, Herlinde, *Das Andere der Gerechtigkeit*, a.a.O., 264f면.

95 같은 책, 156면.

96 Dies, Moraltheorie und Geschlechterdifferenz, a.a.O., 57면 참조.

97 Dies, *Das Andere der Gerechtigkeit*, a.a.O., 265면 참조.

98 같은 책, 268면.

99 같은 책 참조.

100 Conradi, Elisabeth, *Take Care*, a.a.O., 173f면 참조.

101 Baier, Annette C., Wir brauchen mehr als bloß Gerechtigkeit, in: *Deutsche Zeitschrift für Philosophie*, 1994, 234면.

102 같은 책, 235면.

103 Dies., Hume — der Moraltheoretiker der Frauen?, in: Nagl-Docekal, Herta/Pauer-studer, Herlinde 편, *Jenseits der Geschlechtermoral*, a,a,O., 112면.

104 같은 책, 116면 참조.

105 같은 책, 119면.

106 같은 책.

107 Held, Virginia, *Feminist Morality*, a.a.O., 193ff면 참조.

108 Code, Lorraine, *What Can She Know?*, a.a.O., 89ff면 참조.

109 Friedman, Marilyn, *What Are Friends For?* a.a.O., 231ff면 참조.

110 Dies., Feminismus und moderne Formen der Freundschaft, a.a.O., 185면 참조.

111 Gutmann, Amy, Die kommunitaristischen Kritiker des Liberalismus, a.a.O., 83면 참조.

112 Pauer-Studer, Herlinde, Moraltheorie und Geschlechterdifferenz, a.a.O., 68면, 각주 62 참조.

113 Nusbaum, Martha C., *Vom Nutzen der Moraltheorie für das Leben*, a.a.O., 18면.

114 같은 책, 27ff면.

115 Dies., *Gerechtigkeit oder Das gute Leben*, a.a.O., 28면 참조.

116 같은 책, 47면.

117 Liberaler Aristotelismus, Klaus Tachwer im Gespräch mit Martha C. Nussbaum, in: Nussbaum, Martha C., *Vom Nutzen der Moraltheorie für das Leben*, a.a.O., 90면.

118 Dies., *Gerechtigkeit oder Das gute Leben*, a.a.O., 49-56면 참조.

119 같은 책, 57f면.

120 같은 책, 65면.

121 같은 책, 129면.

122 같은 책, 166면 참조.

123 Dies., *Konstruktion der Liebe, des Begehrens und der Fürsorge. Drei philosophische Aufsätze*, Stuttgart 2002, 특히 163-233면 참조.

124 같은 책, 10면.

125 같은 책, 50f면.

126 이에 대한 상세한 내용은 Gilligan, Carol, *Die andere Stimme. Lebenskonflikte und Moral der Frau*, München 1984 참조.

127 Gilligan, Carol/Wiggins, Grant, Die Ursprünge der Moral in den frühkindlichen Beziehungen, in: Nagl-Docekal, Herta/Pauer-Studer, Herlinde면, *Jenseits der Gechlechtermoral*, a,a,O., 73면.

128 Gilligan, Carol, Moralische Orientierung und moralische Entwicklung, in: Nunner-Winkler, Gertrud 편, *Weibliche Moral. Die Kontroverse um eine geschlechtsspezifische Ethik*, Frankfurt/M./New York 1991, 81면.

129 Kohlberg, Lawrence, *The Psychology of Moral Development*, San Francisco 1984 참조.

130 Gilligan, Carol/Wiggins, Grant, Die Ursprünge der Moral in den frühkindlichen Beziehungen, a.a.O., 75면.

131 Chodorow, Nancy, *Das Erbe der Mütter. Psychoanalyse und Soziologie der Geschlechter*, München 1985 참조.

132 Gilligan, Carol/Wiggins, Grant, Die Ursprünge der Moral in den frühkindlichen Beziehungen, a.a.O., 75면.

133 같은 책, 79면.

134 Irigaray, Luce, *Speculum – Spiegel des anderen Geschlechts*, Frankfurt/M. 1980, 169면 참조.

135 같은 책, 180면 참조.

136 Dies., Cosi fan tutti, in: dies. *Das Geschlecht das nicht eins ist*, Berlin 1979, 102면.

137 Dies., *Speculum*, a.a.O., 172면.

138 Dies., Macht des Diskurses. Unterordnung des Weiblichen. Ein Gespräch, in: dies., *Das Geschlecht das nicht eins ist*, a.a.O., 76면 참조.

139 Dies., Speculum, a.a.O., 180f면 참조.

140 Dies., Macht des Diskurses, a.a.O., 78면.
(역주) 따라서 이리가라이의 흉내내기 전략은 이중의 과정이다. 어

떤 것을 흉내내기란 그것의 원칙을 이해하고 그 형식을 재현하는 것이면서 동시에 한계와 체계를 벗어나는 것이다. 곧 이리가라이는 이러한 흉내내기를 남성적 의미들의 의도적 배치로 이해하는데, 이는 여성 역할을 전도시킬 목표로, 여성 역할을 유희적으로 실제 보여주기 위한 것이다. 여성은 전통적 여성 역할을 꿰뚫어보긴 하지만 남성을 흉내내는 것처럼 속이고, 또한 여성의 차이를 다른 여성들과의 담론 속에서 거둬들일 수 있다. 이 같은 모방의 극대화, 곧 과도한 흉내내기를 통해서 남근 중심적 담론의 영향력을 극복하고자 하는 것이다.

141 같은 책, 177면 참조.

142 Dies., Fragen, in: dies., *Das Geschlecht das nicht eins ist*, a.a.O., 140면.

143 Dies., Eine Chance zu leben, in: dies., *Die Zeit der Differenz. Für eine friedliche Revolution*, Frankfurt/M. 1991, 40면.

144 Dies., Macht des Diskurses, a.a.O., 81면.

145 Dies., *Das Geschlecht das nicht eins ist*, a.a.O., 30면.

146 같은 책, 23면.

147 Dies., Eine Chance zu leben, a.a.O. 38ff면 참조.

148 Dies., Das vergessene Geheimnis der weiblichen Genealogien, in: dies., *Die Zeit der Differenz*, a.a.O., 117-142면 참조.

149 Dies., *Ethik der sexuellen Differenz*, Frankfurt/M., 1991, 150면.

150 같은 책.

151 Dies., *Genealogie der Geschlechter*, Freiburg/Br. 1989, 185면.

152 같은 책, 210면 참조.

153 Dies., *Ethik der sexuellen Differenz*, a.a.O., 19면과 25면 참조.

154 Libreria delle donne di Milano, *Wie weibliche Freiheit entsteht. Eine neue politische Praxis*, Berlin 1988; Diotima 편, *Jenseits der Gleichheit. Über Macht und die weiblichen Wurzeln der Autorität*, Frankfurt/M. 1999; dies. 편, *Die Welt zur Welt bringen. Geschlechterdifferenz und die Arbeit am Symbolischen*, Frankfurt/M. 1999.

155 Nails, Debra, Carol Gilligans Fehlvermessung des Menschen, in: Nunner-Winkler, Gertrud 편, *Weibliche Moral*, a.a.O., 106면.

156 Nunner-Winkler, Gertrud, Gibt es eine weibliche Moral, a.a.O., 159면.

157 Schwickert, Eva-Maria, Carol Gilligans Moralkritik zwischen Universalismus und Kontextualismus, in: *Deutsche Zeitschrift für Philosophie 42*, 1994, 255-273면.

158 Nagl-Docekal, Herta, Jenseits der Geschlechtermoral, a.a.O., 14면 참조.

159 Dies., *Feministische Philosophie*, a.a.O., 193면.

160 Haug, Frigga, Die Moral ist zweigeschlechtlich wie der Mensch. Zur Theorie weiblicher Vergesellschaftung, in: dies, *Erinnerungsarbeit*, Hamburg 1990, 90-115면 참조.

161 Dies., *Die imaginäre Frau der Moral*, a.a.O., 763면.

162 같은 책, 767면.

163 Buse, Gunhild, *Macht — Moral — Weiblichkeit*, Mainz 1993, 109ff면 참조.

164 Pauer-Studer, Herlinde, *Das Andere der Gerechtigkeit*, a.a.O., 35면.

165 같은 책, 37면 참조.

166 같은 책, 31면 참조.

167 Nagl-Docekal, Herta, *Feministische Philosophie*, a.a.O., 194면.

168 같은 책.

169 같은 책, 197면 참조.

170 Pieper, Annemarie, *Aufstand des stillgelegten Geschlechts*, a.a.O., 52면.

171 Butler, Judith, *Das Unbehagen der Geschlechter*, Frankfurt/M. 1991, 9면 참조.

172 같은 책, 26면.

173 같은 책, 55f면 참조.

174 Dies., Ort der politischen Neuverhandlung. Der Feminismus braucht »die Frauen«, aber er muß nicht wissen, »wer« sie sind, in: Frankfurter Rundschau, 27.7.1993.

175 Dies., *Körper von Gewicht. Die diskursiven Grenzen des Geschlechts*, Frankfurt/M. 1997, 11면.

176 같은 책, 15면.

177 같은 책, 16면 참조.

178 같은 책, 42면.

179 같은 책, 32면.

180 Maihofer, Andrea, *Geschlecht als Existenzweise*, a.a.O., 140면.

181 같은 책, 150면.

182 Dies., Rekonstruktion von Gilligans Thesen zu einer »weiblichen« Moralauffassung als Kritik herrschender Moral, a.a.O., 136면 참조.

183 이와 관련하여 가령 Jagger, Alison M., *Feminist Politics and*

Human Nature, Totowa 1983, 131면 참조.

184 Butler, Judith, *Das Unbehagen der Geschlechter*, a.a.O., 212면.

185 이와 관련하여 dies, Kontingente Grundlagen: Der Feminismus und die Frage der »Postmoderne«, in: Benhabib, Seyla, u.a., *Der Streit um Differenz. Feminismus und Postmoderne in der Gegenwart*, Frankfurt/M. 1993, 31-58면도 참조.

186 Nagl-Docekal, Herta, *Feministische Philosophie*, a.a.O., 184f면.

187 Pauer-Studer, Herlinde, *Autonom leben. Reflexionen über Freiheit und Gleichheit*, Frankfurt/M. 2000, 24면.

188 같은 책, 44면.

189 같은 책, 60면.

190 같은 책, 48면.

191 같은 책, 62ff면 참조.

192 같은 책, 254면.

193 같은 책, 238f면 참조.

194 같은 책, 227면 참조.

195 같은 책, 248면 참조.

196 같은 책, 253면.

197 Rössler, Beate, *Der Wert des Privaten*, Frankfurt/M. 2001, 26면.

198 같은 책, 39면 참조.

199 같은 책, 120ff면 참조.

200 같은 책, 23면.

201 같은 책, 54면 참조.

202 같은 책, 80면.

203 같은 책, 196ff면 참조.

204 Nusbaum, Martha, *Konstruktion der Liebe*, a.a.O., 33면.

205 Wendel, Saskia, Sei was Du bist – Gib was Du hast. Plädoyer für eine Ethik der Sorge, in: Christensen, Birgit 편, *Wissen Macht Geschlecht. Knowledge Power Gender. Philosophie und die Zukunft der »Condition Féminine«. Philosophy and the Future of the »condition féminine«*, Zürich 2002, 399-405면 참조.

206 주체 사고의 복권을 위한 필자 자신의 성찰은 Wendel, Saskia, *Affektiv & inkarniert. Ansätze Deutscher Mystik als subjekttheoretische Herausforderung*, Regensburg 2002 참조.

참고 문헌

Aristoteles, *Nikomachische Ethik*, in: ders., *Philosophische Schriften, Bd.* 3, Hamburg 1995.

Baier, Annette C., Wir brauchen mehr als bloß Gerechtigkeit, in: *Deutsche Zeitschrift für Philosophie*, 1994.

Baier, Annette C., Hume, der Moraltheoretiker der Frauen?, in: Nagl-Docekal, Herta/Pauer-studer, Herlinde 편, *Jenseits der Geschlechtermoral. Beiträge zur Feministischen Ethik*, Frankfurt/M. 1993, 105-134면.

Dies., Wir brauchen mehr als bloß Gerechtigkeit, in: *Deutsche Zeitschrift für Philosophie 42*, 1994, 225-236면.

Beauvoir, Simone de, *Das andere Geschlecht.* Sitte und Sexus der Frau, Hamburg 1989.

Benhabib, Seyla, Der verallgemeinerte und konkrete Andere. Ansätze zu einer feministischen Moraltheorie, in: List, Elisabeth/Studer, Herlinde 편, *Denkverhältnisse. Feminismus und Kritik*, Frankfurt/M. 1989, 454-487면. Modifizierte Fassung in: dies, *Selbst im Kontext. Kommunikative Ethik im Spannungsfeld von Feminismus, Kommunitarismus und Postmoderne*, Frankfurt/M.

1992, 161-191면.

Dies., Hegel, die Frauen und die Ironie, in: Nagl-Docekal, Herta/Pauer-Studer, Herlinde 편, *Denken der Geschlechterdifferenz. Neue Fragen und Perspektiven der feministischen Philosophie*, Wien 1990, 19-39면.

Dies., *Selbst im Kontext. Kommunikative Ethik im Spannungsfeld von Feminismus, Kommunitarismus und Postmoderne*, Frankfurt/M. 1995.

Benner, Patricia, A dialogue between virtue ethics and care ethics, in: *Theoretical Medicine, 18. Jg.*, 1997, 47-61면.

Brumlik, Micha/Mrunkhorst, Hauke 편, *Gemeinschaft und Gerechtigkeit*, Frankfurt/M. 1993.

Buse, Gunhild, *Macht-Moral-Weiblichkeit*, Mainz 1993.

Butler, Judith, *Das Unbehagen der Geschlechter*, Frankfurt/M. 1991.

Dies., *Körper von Gewicht. Die diskursiven Grenzen des Geschlechts*, Frankfurt/M. 1997.

Dies., Kontingente Grundlagen: Der Feminismus und die Frage der »Postmoderne«, in: Benhabib, Seyla, u.a., *Der Streit um Differenz. Feminismus und Postmoderne in der Gegenwart*, Frankfurt/M. 1993, 31-58면.

Dies., Ort der politischen Neuverhandlung. Der Feminismus braucht »die Frauen«, aber er muß nicht wissen, »wer« sie sind, in: *Frankfurter Rundschau*, 27.7.1993.

Chodorow, Nancy, *Das Erbe der Mütter. Psychoanalyse und Soziologie der Geschlechter*, München 1985.

Code, Lorraine, *What Can She Know? Feminist Theory and the Construction of Knowledge*, Ithaca/London 1991.

Conradi. Elisabeth, *Take Care. Grundlagen einer Ethik der Achtsamkeit*, Frankfurt/M./New York 2001.

Craemer-Ruegenberg, Ingrid, *Moralsprache und Moralität. Zur Thesen der Sprachanalytischen Ethik. Diskussion, Kritik, Gegenmodell*, Freiburg/München 1975.

Deveaux, Monique, New Directions in Feminist Ethics. Review Article, in: *European Journal of Philosophie, 3. Jg., Nr. 1*, 1995, 86-96면.

Diotima 편, *Jenseits der Gleichheit. Über Macht und die weiblichen Wurzeln der Autorität*, Frankfurt/M. 1999.

Dies. 편, *Die Welt zur Welt bringen. Geschlechterdifferenz und die Arbeit am Symbolischen*, Frankfurt/M. 1999.

Frankena, William K., *Analytische Ethik. Eine Einführung, 2 Aufl.*, München 1975.

Frazer, Elizabeth/Lacey, Nicola, MacIntyre, Feminism and the Concept of Practice, in: Horton, John/Mendus, Susan 편, *After MacIntyre*, Cambridge 1994, 265-282면.

Friedman, Marilyn, Feminismus und moderne Formen der Freundschaft: Eine andere Verortung von Gemeinschaft, in: Honneth, Axel 편, *Pathologien des Sozialen. Die Aufgabe der Sozialphilosophie*, Frankfurt/M. 1994, 184-204면.

Dies., Jenseits von Fürsorglichkeit: Die Ent-Moralisierung der Geschlechter, in: Nagl-Docekal, Herta/Pauer-Studer, Herlinde 편,

Jenseits der Geschlechtermoral. Beiträge zur Feministischen Ethik, Frankfurt/M. 1993, 241-266면.

Dies., *What Are Friends for? Feminist Perspectives on Personal Relationships and Moral Theory*, Ithaca/New York 1993, 231-255면.

Gaitens, Moira 편, *Feminist Ethics*, Dartmouth u.a. 1998.

Gilligan, Carol, *Die andere Stimme. Lebenskonflikte und Moral der Frau*, München 1984.

Gilligan, Carol/Wiggins, Grant, Die Ursprünge der Moral in den frühkindlichen Beziehungen, in: Nagl-Docekal, Herta/Pauer-Studer, Herlinde 편, *Jenseits der Geschlechtermoral. Beiträge zur Feministischen Ethik*, Frankfurt/M. 1993, 69-104면.

Gilligan, Carol/Murphy, J. M., Moral Development in Late Adolescence and Adulthood: A Critique and Reconstruction of Kohlberg's Theory, in: *Human Development 23,* 1980, 7-104면.

Gilligan, Carol, Moralische Orientierung und moralische Entwicklung, in: Nunner-Winkler, Gertrud 편, *Weibliche Moral. Die Kontroverse um eine geschlechtsspezifische Ethik*, Frankfurt/M./New York 1991, 79-100면.

Grewendorff, Günther/Meggle, Georg, Zur Struktur des metaethischen Diskurses, in: dies.편, *Seminar: Sprache und Ethik. Zur Entwicklung der Metaethik*, Frankfurt/M. 1974, 7-31면.

Gutmann, Amy, Die kommunitaristischen Kritiker des Liberalismus, in: Honneth, Axel 편, *Kommunitarismus. Eine Debatte über die moralischen Grundlagen moderner Gesellschaften*,

Frankfurt/M./New York 1993, 68-83면.

Habermas, Jürgen, *Erkenntnis und Interesse. Mit einem neuen Nachwort, 9. Aufl.*, Frankfurt/M. 1988.

Haug, Frigga, Die imaginäre Frau der Moral. Zum Projekt einer feministischen Ethik, in: *Das Argument 206, 36. Jg.*, 1994, 759-773면.

Dies., Die Moral ist zweigeschlechtlich wie der Mensch. Zur Theorie weiblicher Vergesellschaftung, in: dies., *Erinnerungsarbeit*, Hamburg 1990, 90-115면.

Held, Virginia, *Feminist Morality. Transforming Culture, Society and Politics*, Chicago/London 1993.

Dies., Non-contractual Society: A Feminist View, in: Hanen, Marsha/ Nielsen, Kai 편, *Science, Morality and Feminist Theory*, Calgary 1987, 111-137면.

Hoagland, Sarah Lucia, Einige Gedanken über das Sorgen, in: Nagl-Docekal, Herta/Pauer-Studer, Herlinde 편, *Jenseits der Geschlechtermoral. Beiträge zur Feministischen Ethik*, Frankfurt/M. 1993, 173-194면.

Irigaray, Luce, *Das Geschlecht das nicht eins ist*, Berlin 1979.

Dies., *Die Zeit der Differenz. Für eine friedliche Revolution*, Frankfurt/M. 1991.

Dies., *Ethik der sexuellen Differenz*, Frankfurt/M. 1991.

Dies., *Genealogie der Geschlechter*, Freiburg/Br. 1989.

Dies., *Speculum — Spiegel des anderen Geschlechts*, Frankfurt/M. 1980.

Jaggar, Alison M., Feministische Ethik: Ein Forschungsprogramm für die Zukunft, in: *Nagl-Docekal, Herta/Pauer-Studer, Herlinde* 편, *Jenseits der Geschlechtermoral. Beiträge zur Feministischen Ethik*, Frankfurt/M. 1993, 195-218면.

Dies., *Feminist Politics and Human Nature*, Totowa 1983.

Jauch, Ursula Pia, *Immanuel Kant zur Geschlechterdifferenz. Aufklärerische Vorurteilskritik und bürgerliche Geschlechtsvormundschaft*, Wien 1988.

Kant, Immanuel, Beobachtungen über das Gefühl des Schönen und Erhabenen, in: ders., *Werke in sechs Bänden, Bd. 1*, Darmstadt 1998, 823-884면.

Kohlberg, Lawrence, *The Psychology of Moral Development*, San Francisco 1984.

Konnertz, Ursula, Simone de Beauvoir. Der Entwurf einer feministischen Ethik – ein gescheitertes Experiment?, in: Conradi, Judith/Konnertz, Ursula 편, *Weiblichkeit in der Moderne. Ansätze feministischer Vernunftkritik*, Tübingen 1986, 115-138면.

dies./Conrad/Konnertz, Ursula, Judith 편, *Weiblichkeit in der Moderne. Ansätze feministischer Vernunftkritik*, Tübingen 1986.

Krebs, Angelika, Feministische Ethik. Eine Kritik der Diskursrationalität, in: Demmerling, Christoph/Gabriel, Gottfried/Rentsch, Thomas 편, *Vernunft und Lebenspraxis. Philosophische Studien zu den Bedingungen einer rationalen Kultur. Für Friedrich Kambartel*,

Frankfurt/M. 1995, 309-328면.

Kuhlmann, Helga 편, *Und drinnen waltet die züchtige Hausfrau. Zur Ethik der Geschlechterdifferenz*, Gütersloh 1995.

Kuhn, Thomas S., *Die Struktur wissenschaftlicher Revolutionen, 2., rev. und erw. Aufl.*, Frankfurt/M. 1976.

Libreria delle donne di Milano, *Wie weibliche Freiheit entsteht. Eine neue politische Praxis*, Berlin 1988.

Maihofer, Andrea, *Geschlecht als Existenzweise*, Frankfurt/M. 1995.

Dies., Rekonstruktion von Gilligans Thesen zu einer »weiblichen« Moralauffassung als Kritik herrschender Moral, in: Kulke, Christiane/Scheich, Elvira 편, *Zwielicht der Vernunft. Die Dialektik der Aufklärung aus der Sicht von Frauen*, Pfaffenweiler 1992, 127-137면.

Nagl-Docekal, Herta, Die Kunst der Grenzziehung und die Familie, in: *Deutsche Zeitschrift für Philosophie, 41 Jg., Nr. 6*, 1993 1021-1033면.

Dies., *Feministische Philosophie. Ergebnisse, Probleme, Perspektiven*, Frankfurt/M. 1999.

Nagl-Docekal, Herta/Pauer-Studer, Herlinde 편, *Jenseits der Geschlechtermoral. Beiträge zur Feministischen Ethik*, Frankfurt/M. 1993.

Dies., Jenseits der Geschlechtermoral. Eine Einführung, in: dies./Pauer-Studer, Herlinde 편, *Jenseits der Geschlechtermoral, Beiträge zur Feministischen Ethik*, Frankfurt/M. 1993, 7-33면.

Nails, Debra, Carol Gilligans Fehlvermessung des Menschen, in:

Nunner-Winkler, Gertrud 편, *Weibliche Moral. Die Kontroverse um eine geschlechtsspezifische Ethik*, Frankfurt/M./New York 1991, 101-108면.

Noddings, Nel, *Caring. A Feminine Approach to Ethics & Moral Education*, Berkeley/Los Angeles/London 1984.

Dies., Warum sollten wir uns ums Sorgen sorgen?, in: Nagl-Docekal, Herta/Pauer-Studer, Herlinde 편, *Jenseits der Geschlechtermoral. Beiträge zur Feministischen Ethik*, Frankfurt/M. 1993, 135-171면.

Nunner-Winkler, Gertrud, Der Mythos von den zwei Moralen, in: *Deutsche Zeitschrift für Philosophie 42*, 1994, 237-254면.

Dies. 편, *Weibliche Moral. Die Kontroverse um eine geschlechtsspezifische Ethik*, Frankfurt/M./New York 1991.

Nussbaum, Martha, *Konstruktion der Liebe, des Begehrens und der Fürsorge. Drei philosophische Aufsätze*, Stuttgart 2002.

Dies., *Gerechtigkeit oder Das gute Leben*, Frankfurt/M. 1999.

Dies., Menschliches Tun und soziale Gerechtigkeit. Zur Verteidigung des aristotelischen Essentialismus, in: Brumlik, Micha/Brunkhorst, Hauke 편, *Gemeinschaft und Gerechtigkeit*, Frankfurt/M. 1993, 323-361면.

Dies., *Vom Nutzen der Moraltheorie für das Leben*, Wien 2000.

Okin, Susan Moller, Von Kant zu Rawls: Vernunft und Gefühl in Vorstellungen von Gerechtigkeit, in: Nagl-Docekal, Herta/Pauer-Studer, Herlinde 편, *Jenseits der Geschlechtermoral. Beiträge zur Feministischen Ethik*, Frankfurt/M. 1993, 305-334면.

O'Neill, Onora, *Bounds of Justice*, Cambridge 2000.

Dies., *Constructions of Reason. Explorations of Kant's Practical Philosophy*, Cambridge u.a. 1989.

Dies., *Einverständnis und Verletzbarkeit: Eine Neubewertung von Kants Begriff der Achtung für Personen*, Frankfurt/M. 1993, 335-368면.

Dies., *Tugend und Gerechtigkeit. Konstruktive Darstellung des praktischen Denkens*, Berlin 1996.

Pauer-Studer, Herlinde, *Autonom leben. Reflexionen über Freiheit und Gleichheit*, Frankfurt/M. 2001.

Dies., *Das Andere der Gerechtigkeit. Moraltheorie im Kontext der Geschlechterdifferenz*, Berlin 1996.

Dies., Kant－Vorläufer einer Care-Ethik?, in: Kuhlmann, Helga 편, *Und drinnen waltet die züchtige Hausfrau. Zur Ethik der Geschlechterdifferenz*, Gütersloh 1995, 83-93면.

Dies., Moraltheorie und Geschlechterdifferenz. Feministische Ethik im Kontext aktueller Fragestellungen, in: Nagl-Docekal, Herta/ Pauer-Studer, Herlinde 편, *Jenseits der Geschlechtermoral. Beiträge zur Feministischen Ethik*, Frankfurt/M. 1993, 33-68면.

Pieper, Annemarie, *Aufstand des stillgelegten Geschlechts. Einführung in die feministische Ethik*, Freiburg/Br. 1993.

Dies., *Gibt es eine feministische Ethik?*, München 1998.

Rawls, John, *Eine Theorie der Gerechtigkeit*, Frankfurt/M. 1979.

Ricœur, Paul, *Das Selbst als ein Anderer*, München 1996.

Riedel, Manfred, Einleitung, in: ders., *Norm und Werturteil. Grundprobleme der Ethik*, Stuttgart 1979, 5-16면.

Rössler, Beate, *Der Wert des Privaten*, Frankfurt/M. 2001.

Ruddick, Sara, *Mütterliches Denken*, Frankfurt/M. 1992.

Sherwin, Susan, Feministische Ethik und In-vitro-Fertilisation, in: Nagl-Docekal, Herta/Pauer-Studer, Herlinde 편, *Jenseits der Geschlechtermoral. Beiträge zur Feministischen Ethik*, Frankfurt/M. 1993, 219-239면.

Dies., *No Longer Patient. Feminist Ethics & Health Care*, Philadelphia 1992.

Schwickert, Eva-Maria, Carol Gilligans Moralkritik zwischen Universalismus und Kontextualismus, in: *Deutsche Zeitschrift für Philosophie 42*, 1994, 255-273면.

Tronto, Joan C., *Moral boundaries: a political argument for an ethic of care*, New York/London 1993.

Wendel, Saskia, *Affektiv & inkarniert. Ansätze Deutscher Mystik als subjekttheoretische Herausforderung*, Regensburg 2002.

Wendel, Saskia, Sei was Du bist – Gib was Du hast. Plädoyer für eine Ethik der Sorge, in: Christensen, Birgit 편, *Wissen Macht Geschlecht. Knowledge Power Gender. Philosophie und die Zukunft der »Condition Féminine«. Philosophy and the Future of the »condition féminine«*, Zürich 2002, 399-405면.

Young, Iris Marion, Das politische Gemeinwesen und die Gruppendifferenz. Eine Kritik am Ideal des universalen Staatsbürgerstatus, in: Nagl-Docekal, Herta/Pauer-Studer, Herlinde 편, *Jenseits der Geschlechtermoral. Beiträge zur Feministischen Ethik*, Frankfurt/M. 1993, 267-304면.

찾아보기

여성주의 윤리학 입문

펴낸날 | 1판 1쇄 2008년 12월 29일
지은이 | 사스키아 벤델
옮긴이 | 송안정
펴낸이 | 최민숙
펴낸곳 | 이화여자대학교출판부
주소 | 서울시 서대문구 대현동 11-1(우120-750)
등록 | 1954년 7월 6일 제9-61호
전화 | 02-3277-2965, 2966(편집)
02-3277-3164, 362-6076(영업)
팩스 | 02-312-4312
전자우편 | press@ewha.ac.kr
인터넷서점 | www.ewhapress.com
편집 책임 | 정경임
디자인 | 신성기획
찍은곳 | 한영문화사

ISBN 978-89-7300-810-0 93190
값 12,000원